新 2歳児保育の実際

2歳から4歳未満の
育ちの姿と保育の手立て

東京都公立保育園研究会編

『新2歳児保育の実際』刊行にあたって

特定非営利活動法人　東京都公立保育園研究会　会長　田中　由佳

　『新2歳児保育の実際』が企画から5年の歳月をかけて発刊となります。

　ページを開くと、第1章≪「わたし」は「わたし」≫のタイトルが目に入ります。このタイトルを見ただけで、この本が2歳児の発達をとらえ、子どもをまるごと受け入れ、一人ひとりの心に寄り添う保育者のための書であることが伝わってきます。そして、保育の現場で日々子どもたちに関わる「保育」の仕事の楽しさ、尊さを改めて感じます。

　子どもを取り巻く環境は、科学技術の進歩による生活の変化、自然環境の変化、価値観の多様化などの社会的背景により、大きく変わってきています。そうした現在を生きる子どもたちの育ちを支え育児支援に取り組む保育者には高い専門性が求められ、保育の質の向上が急務とされています。

　東京都公立保育園研究会（会員8000人余）は"子どもを見る目をたしかなものにするために―その子らしい育ちを援助する保育を探る―"という研究テーマのもと、保育実践から学びと研究を重ねてきました。今後も、継承と変化を繰り返しながら、保育の質の向上のための一翼を担っていきたいと存じます。

　最後になりますが、本書の発行にあたりご多用にもかかわらず編集のご指導をいただきました源先生、よりよい本を作ろうと奮闘してくださった編集委員の方々、アンケートにご協力くださいました保育園の皆様、ひとなる書房の名古屋様をはじめとする皆様に感謝申し上げます。

　本書が、皆様のよりよい保育につながりましたら幸いです。

2025年1月

はじめに

『新2歳児保育の実際』編集責任者一同・源　証香

　私たち研究会会員の実践知を集大成して「実践者による実践者のための本をつくろう」とはじまったこのシリーズですが、「0歳児編」「1歳児編」に続いてこの度やっと「2歳児編」をお届けすることができて、ほっとしております。"やっと"と申しますのは、「2歳児編」はコロナ禍のまっただ中での本作りだったためです。

　2021年9月、コロナ禍の中で始まった編集会議は、最初の1年3か月は毎回リモートでの会議となりました。出発に当たり、編集委員全員から「どんな本にしたいか」のアンケートをとり、編集協力者の源先生からの「2歳児保育の面白さ」の講演で、本作りへの気持ちを固めました。各区から参加した22名の編集委員と編集責任者6名が月に一度モニター上で全員会議とグループ会議を組み合わせながら「2歳児保育で大事にしたいこと」を共有する論議を繰り返していきました。「ページを開くと2歳児が跳びだしてくる本」「明日の保育に活かせる自分たちの参考書」「実践者だからこそ創れる本」といったコンセプトが鮮明になり、私たちの気持ちが高揚していきます。

　提出・論議された事例は200を越えるようになり、それらを読みこみ、「共通するものを探す、カテゴリーに分ける」ことをしながら少し章立てを意識した討議を行ない、出発から1年後2022年10月に源先生の助言も得て章立てを決め、12月よりついに対面での話し合いを始めることができ、章ごと担当メンバーに分かれて内容を深めていきました。

コロナ禍を乗り越えて

　コロナ禍でリモート会議が長く続き、編集委員も編集責任者も先の見えない時期が続いたことで本当に不安でいっぱいでした。そもそも私たちの仕事場である保育園は未曾有の事態に巻き込まれていました。子どもたちや保護者を守るために緊急避難的に保育を変え、日々の突発事態への対応で、心身共にピリピリと疲弊していました。対面での論議ができるようになってからも、余波から欠席者は絶えず、各グループでの討議を重ねていく際に、編集委員一人ひとりの想いや考えをまとめる難しさを編集責任者は感じていました。

　そこで、予定の期日をのばして論議から執筆に時間を確保することにしました。とくに2歳児の特徴として用いられる「イヤイヤ期」は否定的にとらえられがちですが、この時期にしっかりと自分を出すことで次に進める大切な姿であることから、もっと肯定的（正確）な言葉にできないかと討議を重ねました。現場の職員だからこそ伝えられること、大事にしたいことを言葉にして伝えたい、という思いで進めてきました。

　章ごと、節ごとに何を書くかを明確にする論議をして、分担して草稿を書き、それをみんなで読んで論議し、そこから書き直して第1次原稿にする。それを編集責任者と源先生・ひとなる書房の名古屋さんで推敲し、そうして出来上がった原稿を編集委員全員で確認して最後の修正を経て完成という段取りをとりました。2年半にわたって事例をもとに論議してきた子ども観・保育観・豊かな実践の知恵を原稿にどう生かすか、ということがカギでしたが、毎回まとめられた会議録が大事な役割を果たしてくれました。

　この間、ほとんどの編集会議に参加していただいたうえ、個別の執筆相談にものっていただき、適切な課題提起や軌道修正を果たしてくださった源先生には心から感謝しております。

楽しい保育の糧に

　この本では、たくさんの子どもの日々の姿から2歳児の子どもの想いや心の動きを読み取って「事例」として言葉にしてきました。そのうえで、保育で大切にしたいことを確かめ、一人ひとりの育ちを見通しながら子どもたちへの関わり方を「保育のポイント」として提案しています。

　私たちはこの本作りに携わることで、2歳児の姿を改めて再発見、再確認することができました。読者のみなさんにも、この本を通して、多様な2歳児の姿を見つけていただき、そのすばらしさ、かわいさ、面白さ、楽しさをまわりの方がたと語り合うきっかけになってもらえたらうれしく思います。「明日子どもたちに会うのが待ち遠しくなる」「日々の保育が楽しくなる」そんな保育者のもとで、「わたしはわたしでいいんだ、と思える子どもたち」「いっぱい自分を表現でき、生きいきと過ごせる子どもたち」が増え、笑顔と笑い声の絶えない楽しい保育園になっていくことを願っています。　　　　　　（編集責任者一同）

2歳児の「わたし」に寄り添って

　約3年に渡り2歳児期の子どもの姿や公立保育園の保育が豊かに語られてきました。そこには、「わたし」の意思を懸命に表現し始めた子どもと、子どもと共に歩むことを喜びながら、その子の今をどのようにとらえたらいいのだろうかと、保育者自身の「わたし」にも常に向き合っておられるようでした。

　2歳児期は、心の育ちにともない「わたし」という自分なりの心が意識化されていく時期です。「わたし」をそのまま受け止めてほしい子どもにとって、時間の余裕と身近な大

人の心の余裕が最も必要な時期であることは言うまでもありません。子どもの見方やとらえ方が変わりつつある今、保育のあり方も見直されてきています。2歳児のありのままの「わたし」に寄り添い、共に笑い共に悩む身近な大人が傍らにいることこそが大事なのではないでしょうか。

　人と人との関係において、相手のことを知ることやわかることの難しさ、またわかってもらうことの難しさを感じますが、まさに2歳児期はその芽生えの中で、他者との関係や社会との関係を歩み始めた時期といえます。そこには、誰とでも分け隔てなく関わりを持ち、他者と自分の違いに気づき始めながらも他者を自分のことのように感じ、相手の心にそっと入ることのできる「わたし」の素晴らしさに学ぶべきことが大いにあることに気がつきます。さらにいえば、大人が忘れかけている本質的な大事なことを教えてもらっているかのようです。「させなければならない」と大人が用意した枠を強要せずとも、この時期を謳歌し、任せてもらい、寄り添ってもらった子どもたちは、間違いなく「わたし」の可能性を存分に発揮してくれることでしょう。保育者もまた常に自分自身と向き合い、自身をより豊かにしていくことで、保育に還元されていきます。保育という仕事の魅力もここにあるように思います。

　私自身も、保育の語り合いを通して多くのことを学ばせていただきました。養成校の場で日常使用している言葉は、本当に保育の場に即しているのだろうか、保育者養成校における教育をどのように考えていけばよいかといった大きな課題をいただき、私もまた自分自身を振り返る日々でした。改めて保育という仕事がいかに魅力的で他の仕事にはない人生の豊かさが詰まっているかを再認識した期間でもありました。

　今こそ、これからの保育のあり方について、また保育の魅力、子どもの姿について保育者が語り合い、保育の本質を保育者の言葉で語ってくださることを切に願います。また、本書がそのきっかけとなり、2歳児期の子どもたちに寄り添い奮闘しながらも喜びにあふれた先生方の情熱も感じて頂けたらと思います。

　最後になりましたが、この本作りにずっと伴走してくださった研究会の研究部のみなさま、公立保育園の保育実践を書籍としてまとめてくださったひとなる書房の名古屋研一さん、そして東京都公立保育園研究会事務局の岡野歩未さん藤波貴子さんには深く感謝申し上げます。

（源　証香）

2025年3月

＊事例等本文中に登場する子どもの名前はすべて仮名です。

もくじ●新2歳児保育の実際

発刊にあたって　2
はじめに　3
2歳児ってどんな時期　10

第1章　「わたし」は「わたし」　2歳児ってどんな時期？　13

1　自分を出し切る「わたし」　14

事例1：ミニーちゃんのパンツがいい　14／事例2：みつけたよ！　16／事例3：まねっこって面白い　17

2　なんでも知りたい、わかりたい「わたし」　19

事例4：ほんとは何でも知ってるよ　19／事例5：一緒に遊ぼ！　20／事例6：もうすぐ体操だよね！　22／Column ことばに探る2歳児のせかい　24

3　自分でやりたい「わたし」　26

事例7：ひとりでできるもん！　26／事例8：トイレまでの道のり①　27／事例9：トイレまでの道のり②　29／事例10：三輪車大好き！　30

4　"イヤイヤ期"と言うけれど　32

事例11：自分でできたよ！　32／事例12：ぼくの気持ち　33／事例13：わたしの場所　35／まとめ：保育者の関わり　36／Column 保育者だってお母さん　37

第2章　遊び込む満足感　39

1　好きなこと、やりたいこと　40

事例1：生き物大好き　40／事例2：お気に入りの人形と一緒に膝の上　41／事例3：プ

リンセスになるために　42／事例4：バーベキューから釣り堀？　43／事例5：私だって
できるもん！　45

2　満足するまで遊びたい　46

事例6：今日の収集は　46／事例7：やりたいことは自分で決めるよ　47／事例8：こ
れ、どう？　じゃあ、これはどう？　48／事例9：好きな遊びを見つけて　49／事例10：
みんなのものでも、いつも使いたいから、ここにしまっておくの　50／事例11：あれもこ
れもぜ〜んぶ楽しい　52

3　遊び込める環境（空間・時間）　53

事例12：今の遊びに必要な物は……　53／事例13：投げると危ないよ！　54／事例14：こ
れが終わってから　55／事例15：子どもと保育者が夢中になったとき　57／事例16：耳を
落としたワンちゃんはいないですか〜　58

4　満足を支える大人たち　59

事例17：そうじゃないの！　59／事例18：少しずつ少しずつ　60／事例19：いいこと考え
た！　61／事例20：保護者も一緒に子どもの気持ちに寄り添ってくれた　62／保護者と保
育者で「困った」を解決！　64

第3章　人と人との関わり　65

1　互いに関わっていく子どもたち　66

事例1：はるみちゃんと遊びたい　66／事例2：汽車で遊ぶなら一緒がいい　68／事例
3：自分のものは貸せないけれど……どうしよう　70／事例4：50cmの距離感　71／事例
5：おねえちゃんがやってあげるね　74

2　保育者と子どものいい関係　75

事例6：先生も泣きたくなってきたよ　75／事例7：安心できる先生　76／事例8：ママ
私もできたよ　77

3　保育者の連携　79

事例9：クラスから園全体につなげる　79／事例10：先輩が教えてくれた2歳児保育　80／保育者の連携はどうしていますか？　82／担任間の役割はどうしていますか？　83／保育園内のコミュニケーションどうしている？　84

4　保護者とのつながり　85

事例11：『ビンビングー』って何だろう？　85／事例12：2歳児の〝うそ〟「飛行機に乗ったよ！」　86

第4章　イメージすることの面白さ　89

1　「楽しく遊ぶ」ってどういうこと？　90

事例1：おさかなつれるかな〜　90／事例2：ドキドキ！　むしゃむしゃのもり　91／事例3：『3匹のこぶた』の家を探しに行こう！　92／事例4：おおかみが入れないようにドアをふさごう　93／事例5：『魔女』を探そう！　94／事例6：温泉ごっこ　95／事例7：参加の仕方も自分で決める　96

2　子どものイメージを豊かにするために　98

事例8：水たまりにいるのは？　98／事例9：保育園ごっこ　99／事例10：やったね！イェーイ！　100／事例11：絵本『ぐるぐるジュース』　100／事例12：美容師のたけるくん　101／事例13：うー、うまれるー　102／事例14：落ち葉の世界にようこそ　103／事例15：節分「怖いオニ」　行事のとらえ方　104／事例16：バーベキューごっこから広がる遊びと保護者　105／事例17：あひる組だより　106

3　イメージを広げて遊ぶことで育つもの　108

事例18：チカチカ……信号ごっこ　108／事例19：干すのが楽しい洗濯ごっこ　109／事例20：言葉にならない衝撃　110／事例21：ピッピッ、ワッショイしよう　113

第5章　豊かな保育をするために　117

1　絵本・紙芝居　118

2　歌とわらべうた　121

3　楽器と出会う　126

4　伝承行事　128

5　玩具・遊具　130

6　インクルーシブ保育　133

7　ビデオを用いた保育研究　136

第6章　2歳児保育の実態調査　141

アンケート調査の概要　142

アンケート結果　143

　　　　　□絵　2歳から4歳未満までの発達の歩み

2歳児ってどんな時期？
—本書の構成—

　これまで、2歳児の子どもたちの育ちについては、「魔の2歳児」であったり「イヤイヤ期」であったりと、子どもたちの姿の豊かさよりも大人の関わりの難しさや2歳児の姿の一面だけを強調するようなことが多く語られてきたように思います。

　私が出会ったなつみちゃんは、真夏のある日「ここ、ゆきがふってるの」とにっこり教えてくれました。見ると花瓶に生けてあるかすみそうでした。そのように言われて見ると、本当にぼた雪が舞っているように見えます。まだまだ2歳児と思っていた当時の私は完全にノックアウトされたような感覚に陥り、恥ずかしかったことと、2歳児の感じる心の豊かさを教えてもらったことを覚えています。

　改めて、2歳児とはどんな時期なのでしょうか。2歳になると、空間やものに合わせて全身の使い方がわかるようになり、登ったり這ったりくぐったりする遊びを組み合わせて遊ぶこともできるようになります。遊びを通して身体全体のバランス感覚が育っていきますので、3歳頃には縁石の上に乗りバランスをとりながら歩けるようになります。

　人との関わりにおいては、大人と一緒に変な顔をして楽しむなど、ユーモアで笑い合う姿が見られるようになります。これは他者と関わる力の育ちとしてとても大事な育ちであると思います。大人や友だちの真似をすること、気の合う子と気持ちがぶつかり合いながらも音に合わせ一緒にリズムをとる姿、泣いている子の傍にいて泣き止むことがわかっているかのように何も言わずにそっと手をつなぎ、目を合わせて頷きながら一緒に走っていく姿など、大人のほうが人と関わるうえで大事なものを教えられる場面が多くあることに気がつきます。言葉の育ちにおいては、「爆発的増加期」と呼ばれるように、2歳から3歳にかけて語彙数が増え、1年間で3倍以上の語彙数にもなります。このように、周りが見えてきて、やりたいことが多くあり、うまくいかないこともありながらも、その子らしさが花開いていくような、つぼみが膨らみ始め、花の色が透けて見えてくるそんな時期ではないかと思います。

第1章『「わたし」は「わたし」　2歳児ってどんな時期？』

　第1章は、2歳児の特徴的な姿についてまとめています。この時期の特徴のひとつでもある自己主張については、困った姿ではなく、感情を表出できるようになったうれしい姿としてとらえられています。心地のよいこと、好きなもの、やりたいことがはっきりしてくる時期に、十分にその気持ちを感じ、確かめられる時間や環境を大事にしたいものです。

また、傍にいる大人が子どもとの対話を繰り返しながら、信頼することで子どもが自分の思いを存分に出し切ることができるようになります。そして、存分に出し切り、納得していくことが育ちの鍵となり、周りの物事にさらに関心が広がり、不思議だと感じたり面白いと感じる心が育ちます。なんでも知りたいと思う気持ちや、わかりたいという意欲にもつながっていきます。意欲の姿としては、自分でやりたいと主張する姿があり、この時期最も保障したい時間です。最後に、イヤイヤ期のとらえ直しとして、実は豊かで繊細な子どもの気持ちが見えてくる時期であることを本章で読み取っていただければと思います。

第2章『遊びこむ満足感』

　第2章は遊びの姿についてまとめられています。1歳児までの経験を土台として、昨日の出来事や今朝の出来事、面白いと感じたことや身近な人がモデルとなり遊びになります。

　一般的発達のとらえ方として1歳半過ぎた頃から「ふり」や「見立て」等の象徴的遊びの段階に入り、3歳頃からはごっこ遊びのような社会的遊びの段階に入ると言われます。しかし、子どもの遊びを見てみると、子どもの心の動きが原動力となり、育ちにつながっていることがわかります。好きなこと、やりたいことが遊びとなり、満足することでさらに次の遊びにつながっていきます。満足するまで遊ぶことのできる環境は自分で作り出すことはできませんので、保育者がその都度遊び込める環境を作っていくことが求められます。保育の時間の組み立てや、その都度子どもの様子を見ながら組み直していく時間の保障、空間づくりを意識したいものです。また、子どもの遊ぶ姿や子どもの心の動きを保護者と共に共有し、子どもの満足を喜び合う関係でありたいと思います。本章では、子どもの心の動きと遊びとの関係、また、遊びの環境を考える手助けになると思います。

第3章『人と人との関わり』

　第3章は、人との関わりを通して、他者との関係が飛躍的に変化していく大事な時期としてまとめられています。この時期は、気になる子の持っているものが欲しくなり、取り合いになったかと思うと、次の場面では一緒に同じ絵本を見ながら笑い合う姿が見られます。また、大人以上に気の合う子のことがよくわかり、寄り添う力を持っていることも驚くべき2歳児の姿です。一方で、語彙の増加が顕著ではありますが、言葉での意思疎通がまだ十分とはいえませんので、大人が子どもの思いを汲み取り、言葉にしていきます。

　それは、その子の思いを汲み取りたいという願いと、汲み取れているだろうかという謙虚さ、そして、その子を一人の人として尊重することで、育まれる関係であり、その関係こそが、人への信頼となります。保育者の役割の重要性がここにあるといえます。

　最後に、保育者間のコミュニケーションの必要性はいうまでもありませんが、対話や語り合いを通して、尊重し合う関係の中で子どもの理解が進み、保育者もまた子どもとの保

育を楽しむことができます。保護者との連携も同様です。本章を通して、あらためて2歳児の持つ人との関わりの豊かさを感じていただけたらと思います。

第4章『イメージすることの面白さ』

　第4章は、2歳児が遊びの中でイメージする姿が事例を通して存分に語られています。1歳半頃から見られる探索活動が十分に保障され、イメージする力が豊かになり、ごっこ遊びへと移行していきます。保育園ごっこの保育者役の口調があまりにも保育者の特徴をよくとらえていて、ドキッとした経験はないでしょうか。子どもは身近で親しい人との生活を通して、特に印象深く残った事柄をイメージとして心に描きながらごっこ遊びをし始めます。また、3歳頃になると、保育者に読んでもらう絵本の面白さから、お話のなかに出てくる会話や一節をきっかけとしてお話の世界が遊びとなり、数日間も続く2歳児にとってのダイナミックな楽しい時間となります。そこには、保育者のユーモアや、イメージ豊かに子どもと共に楽しむ心が必要であることを、読み取ってくださることと思います。

　本章では、幼児期につながるごっこ遊びの前段階として、ふり遊びやみたて遊び、イメージすることを喜び楽しむ子どもたちの姿から、2歳児の遊びの豊かさについて感じていただければと思います。

第5章『豊かな保育をするために』

　第5章は、2歳児の情緒を育む児童文化財についてまとめられています。どれも保育をしていく中で大事に取り扱われてきたものであり、これからも伝承していきたい児童文化財です。2歳児にとっての絵本は、保育者が自分だけに読んでくれるうれしいひと時をつくるものでもあり、紙芝居は、みんなで見ながら笑い、面白さを共有できる楽しさがあります。歌やわらべうたは、大人になって幼少期を振り返る際に口ずさんで出てきます。楽器は2歳児であっても、本物に出会う機会を持ちたいものです。伝承行事は、園だけに限らず地域の特徴もあり、地域の文化に触れることができます。手作り玩具は、子どものその時々に合わせて作られ、豊かさを持っています。児童文化財以外にも、「インクルーシブ保育」では、他者を分け隔てなくとらえることのできる2歳児の姿に、大人が学ぶべきものがあります。「ビデオを用いた保育研究」では、客観的視点としてのよさがまとめられています。いずれも、2歳児の保育をより豊かにしていくために、大事にしたいことです。

第6章『2歳児保育の実態調査』

　最後に、6章として、都内公立保育園での2歳児保育の実態をアンケート形式で調査・集計し、結果について考察を加え掲載しました。公立保育園の実情がわかる貴重な調査となっています。ぜひ活用いただければと思います。　　　　　　　　　　　　（源　証香）

第1章

「わたし」は「わたし」
2歳児ってどんな時期？

2歳児というと、「イヤイヤ期」と表されますが、他にも実にたくさんの素敵な姿があります。「なんで？」「どうして？」と興味や関心が広がっていく姿。「じぶんで！」と、最後まで根気強く頑張る姿、集中する姿。相手の意見も受け入れながら、折り合いのつけ方も覚えていきます。いろんな「わたし」が芽生え、どんな「わたし」もたいせつにされて、「わたし」が「わたし」でいいんだと感じていく大切な時期として考えました。

1
自分を出し切る「わたし」

　好きな人やものがはっきりしてきて、納得がいくまで夢中で遊んだり、こだわりが強く出てきたりするときです。部屋に入る時間が来ても、納得がいくまで夢中で遊び続ける姿や、「好きなお友だちと手をつなぎたい！」と自分の気持ちを泣きながら思いっきり表現する姿もたくさん見られるようになります。自分の思いを出すことで、受け入れてもらったり、ときには周りとぶつかったりすることを経験します。この時期に自分を存分に出し切ることを最も大事にしたいと思います。

> **事例1**　　　**ミニーちゃんのパンツがいい**

　洋服を選び、自分の好きな洋服を着るとご機嫌なともみちゃん。とくに、ミニーちゃんのパンツがとてもお気に入りで、登園後、「トイレ行く。ミニーちゃんのパンツはきたい」「ミニーちゃんのパンツ♪」と言いながらトイレまで機嫌よく歩いて行きました。パンツ入れを見ると、「ミニーちゃんのパンツがない！」。少し前までのウキウキが嘘のように機嫌が悪くなり「パンツはかない」と怒り出しました。
　保育者が、いちごのパンツ、花柄のパンツを見せて「どっちがいい？」「お花もかわいいね。先生お花のが好きだな」と言ってみましたが、「パンツは、はかない！」と紙パンツをはいて過ごしました。トイレトレーニングのデリケートな時期のともみちゃんの気持ちを

1　自分を出し切る「わたし」

第一に考えて無理にすすめるのはやめ、お迎えのときにともみちゃんのお母さんに、トイレでの出来事、ミニーちゃんのパンツがお気に入りであることを話すと、笑いながら「そんなことがあったのですね。明日からはミニーちゃん入れておきます」と返してくれました。

翌日、洋服かごに入っていたミニーちゃんのパンツを、トイレのともみちゃんのパンツ入れに入れておきました。喜んではいてくれるかな？　と見ていると、「ミニーちゃんのパンツ！」と表情が晴れやかに、ウキウキではいてご機嫌で過ごすことができました。お母さんもミニーちゃんのパンツを毎日入れてくれていましたが、2週間位で、花柄、いちごのパンツもはくようになりました。

保育のポイント　こだわりは、いっとき

　　洋服のこだわりなど、自分の気持ちを存分に出しているともみちゃん。ともみちゃんの姿をよく見ていた保育者は、好みがはっきりしてきて、とくにミニーちゃんのパンツがお気に入りなことに気づいていました。

　　トイレでのエピソードを、ともみちゃんのかわいい姿として笑顔で話した保育者。そのエピソードにお母さんも笑顔になって、パンツへのこだわりの場面が、保育者・保護者共通のともみちゃんのかわいい姿のエピソードになったのです。

　　2週間ほどでお花のパンツ、いちごのパンツでもはいてくれている姿を見ると、ともみちゃんの気持ちを受け入れて、保護者とも話し、気持ちよく過ごせたことはよかったと思います。こだわりはいっときのものと考え、子どもの気持ちに寄り添って対応すると、自然となくなっていることが多い年齢です。

第1章 「わたし」は「わたし」

> 事例2　　　　　　　　みつけたよ！

　散歩に出かけた冬のある日の出来事です。公園に着くと他の子が固定遊具で遊んだり追いかけっこをしていても、日頃からあまり他者と関わりを持とうとしないよしくんは、シャベルを持って雑草の生えている場所にしゃがみ込んでいました。近寄ってみると「ダンゴムシいるかな……」とつぶやきながら、何度も何度もシャベルで草をかきわけ、一人でダンゴムシを探していたのです。この時期だからもう見つからないだろうと思いましたが、夢中になっているよしくんに、今日は最後までつきあうことにしました。

　横に座り「先生も一緒に探していい？」と聞くと、地面を見つめたまま「ダンゴムシいないんだよ」とよしくん。「やだよ」とは言われなかったので「どこかなぁ」「いないねぇ」と草をかき分け始めると「どうしていないんだろうね」と一緒に探すことを受け入れてくれた様子でした。そのうちに他の子も「なにしているの」と集まってきて、みんなでダンゴムシ探しが始まりました。子どもたちは頭を突き合わせて同じ所をのぞき込んでいます。なかなか見つからないまま帰園の時間が迫ってきましたが、子どもたちの没頭する姿に少し帰園時間を遅らせ様子を見守ることにしました。すると「あったー‼」と大きい声がしました。よしくんの指さすほうを見てみると、産まれたばかりの白い小さな小さなダンゴムシがモゾモゾと動いていました。他の子からも、「どこどこ？」と声があがり、次つぎにのぞき込んでは「すごーい」「ほんとだ！」ともりあがり、その横にはよしくんの笑顔がありました。

1　自分を出し切る「わたし」

> **保育のポイント　寄り添うと決めたら最後まで**
>
> 　周りの声や姿に気を取られることなく夢中になって探す姿に、とことんつきあおうと決めた日でした。よしくんの遊びを尊重し、無理に他の遊びに誘わなかったことや、思いに共感し寄り添ったことで、安心して納得するまでダンゴムシ探しを続けることができました。きっとダンゴムシが見つからなかったとしても、最後まで存分に楽しみ探したこと、保育者に共感してもらったこと、友だちと共有した経験は、よしくんの「またやりたい」という好奇心の育ちにつながっていくのではないかと思います。
>
> 　この時期は何かに没頭し、周りが見えなくなるほど集中することがあります。今回の虫探しもそうですが、描画もその一つです。無心になってペンを走らせ何枚も何枚も描いていきます。そんな時には、子どもが「やりきった」と思えるまで存分に集中できる環境を保障することが大切です。

事例3　まねっこって面白い

　以前、ブロックで犬のようなものを作り、引っ張って遊んだことがありました。そこで、紙パックを使用して犬の人形「おさんぽわんわん」を作ることにしました。自分で作り、保護者と一緒に名前を決めた"おさんぽわんわん"は、日が経つにつれて体に模様が描かれたり、リボンをつけたりと愛着を持ち大切にしていました。ある日すみちゃんが「いってきま〜す」と犬を連れて廊下に散歩に出かけて行きました。犬を見ると体にはバンダナが巻かれていました。保育者が聞いてみると、「さむいから、おようふくきたの」とのこ

第1章 「わたし」は「わたし」

と。「そうか、みんなと同じでキリンちゃん（犬）も寒いんだね」と二人でそんな会話をしていると、聞きつけたかほちゃんは、今まで遊んでいたブロックをサッと片付けて、自分の犬とバンダナを持ち「かほちゃんもやりたい」とやってきました。「かほちゃんのきんちゃん（犬）も寒いんですか？ お洋服を着せましょね」とバンダナを巻くと、うれしそうにすみちゃんの後を追って廊下に出ていきました。すると、「わたしも！」「ぼくも！」と他の子も次つぎに犬とバンダナを手にして集まってきて、けっきょく全員でお散歩に出かけることになりました。

　また、ある日のこと。りんちゃんが「おいしゃさんごっこがしたい」と言ったので道具を出していると「ともやくん（犬）おなかいたいんだって」と犬を連れてきたのです。「ここですか？」と医者になって相手をしながら、りんちゃんの希望通りともやくん（犬）のおなかに包帯を巻きました。横ではかほちゃんがまるで、"いいことしてるね" と言っているような笑顔で見ています。「かほちゃんのきんちゃん（犬）もいたいって」。けんくんも「けんのエース（犬）も泣いてるんだよ」。よしくんも「ぼくのででちゃん（犬）も……」とあっという間に病院は満員になりました。その日以来、お医者さんごっこの患者役は "おさんぽわんわん" になり、まるで家族のように接しています。

保育のポイント　やりたくなったときが、やりどき

　同じことがしたいとまねっこの連鎖が始まり、「おんなじだね」と気持ちを共有しうれしそうに見せ合っている子どもたちです。このころの子どもたちは、何もしていないように見えても、歩きながら友だちの姿をじーっと見たり聞いたり、じっと大人や友だちの言葉や姿をよく観察したり、言葉は交わさなくても背中合わせに同じ遊びをしたりしています。友だちがやっていることが何だか楽しそうで、同じことがしたい！　と生活や遊びの場面で "まねっこ" する姿はたくさん出てきます。友だちや大人と同じことをしてうれしい気持ちになり、またやってみようと思ったり、今までできなかったことも真似してみたいと思い、できた時には自信につながっていきます。また、どうしたら同じことができるのかと試行錯誤することで、考えることの面白さに気づくきっかけとなります。自分はやりたくないと思ったことでも、友だちがやっていることは真似してみたい姿も出てくるのです。そのときの子どものやりたいことや気持ちをキャッチして、子どもたちのやりたいことが存分にできるように環境を整えたり、さりげなく手助けすることが大切です。

2
なんでも知りたい、わかりたい「わたし」

　お友だちがやっていることや、大人の言葉、周りの様子などがいろいろと気になってきます。なんで？　どうして？　とたくさんの質問が出てくるのもこの時期の特徴です。わかっていないようで、何でもわかっている。わかっているようで、少し違っている。そんな姿に真摯に向き合うと2歳児の世界が少しのぞけたような気になります。子どもたちの姿に共感しながら、保育者自身も子どもたちと一緒にその世界を楽しめると、素敵な保育につながっていくと思います。

> **事例4**　　　　**ほんとは何でも知ってるよ**

　朝から雨が降っている日のこと。
　「お散歩いけないねぇ」と保育士がつぶやくと、りんちゃんが「なんでおさんぽいけないの？」と聞いてきました。
保「雨が降ってるからお外出られないね」　　りん「なんででれないの？」
保「雨に濡れちゃうと風邪引いちゃうからね」　りん「なんでかぜひいちゃうの？」
　なんでなんでの質問はどんどん続き、ひとつひとつに保育者はていねいに答えていきます。最後に、「りんちゃんはなんでだと思う？」と聞いてみると、「びちょびちょになっちゃう」と教えてくれました。

第1章 「わたし」は「わたし」

「そうかぁ〜雨だとびちょびちょになっちゃうんだね。お外見ようか」とカーテンを開けて外を見ると、「あめふってるね」「かささしてるね」「びちょびちょだよ」とうれしそうに話してくれました。

> **保育のポイント　子どもと一緒に考えてみる**
>
> 　りんちゃんは好奇心いっぱいで、身の回りのことや目にしたこと、すべてに興味があり、「なんで？　どうして？」と聞いてきます。その気持ちを受容してもらい、心地よい気持ちになることができたようです。事例のように子どもに聞いてみる、あるいは「なんでだろうね〜」と一緒に考えるようにしてみると、思いもかけない楽しい保育の世界がひらけてくるかもしれません。
> 　また、言葉自体にも興味が出てきて、新しく覚えた言葉を使ってみたい！　知っていることも知らないことも何でも聞いてみたい！　やりとりが楽しい！　と大人との会話も楽しんでいます。

事例5　　一緒に遊ぼ！

　朝一番に登園したかずくんはブロックで大きな車のようなものを作り、ひとりで走らせて遊んでいました。次に登園しただいきくんは言葉は交わさず、かずくんの隣でブロックで遊び始めました。タイヤのパーツが足りず、思うように車が作れなかっただいきくんですが、何も言わず形を変えながら遊んでいました。そこへ、しょうくんが登園し、「かずくんいれて」「いいよ」と言葉を交わすと、人形のパーツを車に乗せたり、走らせたりしな

がら一緒に遊び出しました。すると、だいきくんが突然、2人が遊んでいた車をこわしてタイヤのパーツを取ってしまいました。2人は保育者に助けを求めてきたので「イヤだったね」「こわれちゃったね」「だいきくんも一緒に遊びたかったのかな？」などと声をかけてみましたが、2人は車で遊ぶのをやめ、絵本のコーナーで本を読み始めました。だいきくんは、2人が使わなくなったパーツで車を直して遊び始めましたが、すぐに違う遊びに移っていきました。

　次の日、保育者は車パーツが多いほうが楽しめると思い、他クラスから車パーツを借りてきて増やしておきました。かずくんは登園するとすぐにブロックで遊びだしました。だいきくんは、今日はブロックはしないでパズルを始めました。しょうくんもブロックはしないでパズルを始めました。かずくんはひとりでじっくり遊んでいましたが、すぐにバラバラにして、パズルをやり始めました。とくに言葉も交わさず関わることはありませんでしたが、パズルをそれぞれ楽しんでいるようでした。

保育のポイント　子どものなかにある思い

　だいきくんは、なぜ2人の車をこわしてしまったのでしょうか？　パーツがなくても、隣で遊んでいるだけで一緒に遊んでいるつもりだったところへ、しょうくんが「いれて」と言って遊び始めてしまい、悲しくなってしまったのかもしれません。パーツが欲しかったけど、我慢していたのかもしれません。パーツが手に入ったけど、すぐにやめてしまったのは一人では楽しくなかったからかもしれません。よく見ていると一つの行動にもたくさんの子どもの思いが隠れています。保育者は、子どもの思いを「こうだ！」と決めず、「こうかもしれない？」「こうするといいかな？」と一緒に考えるように関わっていけるといいですね。

自我が開花していくこの時期、イヤイヤが出たり、お互いの思いがぶつかったりしてトラブルになることはよくあります。保育者が互いの思いのつなぎ役をすることも必要ですが、「だいちゃん、なんで車をこわしちゃったんだろうね？」と、他の子どもたちに聞いてみるのもよいかもしれません。毎日、一緒に園生活を送っている子どもたちは、互いの行動や性格をよく知っています。身体全体を使って、相手のことをよく見たり感じようとしているので、言葉は交わさなくても大人以上にそれぞれのことをよくわかっているのです。だいちゃんの行為の善し悪しの話にしないで、だいちゃんの気持ちをいろいろ子どもたちに聴かせてもらう、という問いかけです。そこにいるみんなの納得の「答え」につながるかもしれません。

　自我のぶつかり合いは付きものですが、一方で「一緒が楽しい」を感じ始める時期でもあります。トロルごっこ、三匹のこぶたごっこ、オニごっこなど、みんなでワーワー楽しめる遊びを持ちかけることも意識しておきたいことのひとつです。

事例6　もうすぐ体操だよね！

　友だちの真似をすることが多い5月生まれのゆいちゃん。一方で、1歳児クラスの頃から歌や踊ることは大好きでした。

　元気いっぱいのクラスであったため、日中は主に2グループで活動し、食事もきっちり時間帯を分けて生活していたので、あとから食事に向かう高月齢児（6～8人ほど）は保育士1人が別室（多目的ルームやホールなど）で遊ぶことにしていました。ゆいちゃんは、自分は別室に行くグループだとわかっているようでしたが、保育者に「ゆいちゃんも行こう」と言われるのを待っているような様子でした。保育者はもっと自分の中にある思いを出したり、行動できるようになってほしいと願っていました。

食事前の時間を"体操（ダンス）の時間"にしてみると、体を動かして発散することで満足して落ち着いて食事に向かうことができ、そこからその時間は"体操の時間"になりました。毎日同じことを繰り返すことで、部屋で遊んでいたり着替えをしたりしている中でも、保育者がCDを持ち準備し始めると、おもちゃを片付けたり急いで着替えたりする子が出てきました。子どもたちの中で、"もうすぐ移動の時間""体操の時間"という見通しが出てきたようでした。

　ゆいちゃんもその1人で、もともと着替えなどもスムーズでしたが、いつもの時間になると移動前に待っている場所に1番に座って「もうすぐ体操だよね！」とうれしそうにしていました。「今日は○○の曲がいいな」と保育者にリクエストしたり、「前に○○の体操やったよね」「○○の体操やりたいね」と友だちと楽しそうに話をしたりと、自分の思いを言葉にして伝えることが増えてきました。保護者からも「保育園で先生と○○の体操したんだとよく話してます」という話があり、とても喜んでいるようでした。

保育のポイント　好きなことで変化する自我

　「わかっているようでわかっていない」、反対に「わかっていないようでわかっている」というような2歳児。自分が"わかっている"と思っていることでも慎重に確認しようとする子もいます。できること、わかっていることがたくさんありながらもなかなか主張ができないゆいちゃんでしたが、「好きなことがこの時間になるとできる」という見通しを持てたことや、その"好きなこと"を十分に楽しむことで、積極性や自信につながったのだと感じました。ほかの場面でも、自分がしたいことを保育者や友だちに伝える姿、初めてのこともやってみようとすることが増えていきました。好きなことが十分に楽しめる環境、見通しがあることで持てる安心感が、子どもたちの意欲や自信につながるのだと思います。

Column

ことばに探る2歳児のせかい

園庭でたくさん遊んで保育室に戻ったとき、かぶっていた外遊び用の帽子をフックにかけながら帽子に向かって一言、
子「おつかれさま！」

★

園庭で小さなお椀を大事に運び、担任のもとにやってきたAちゃん。お椀の中にはダンゴムシ三匹と葉っぱが一枚。
子「おふとん　ねんねしてるの」
保「ダンゴ虫さん、お布団かけてねんねしてるの？」
子「ママとパパとあかちゃん」
そう言ってしゃがんで大事そうに見守っていました。

★

毎月の避難訓練は子どもたちの中にしっかり根付いています。
子「かじでーす！」
子「みんなあつまってー」
と避難訓練ごっこ。
子「せんせいもあつまって」
保「はいはい」
子「えんちょうせいせいにでんわして」
……大事なことは園長先生に言わなくちゃいけないものね。

★

保「みんなのほっぺ、ふわふわでおいしそうだなぁ」
A「Aちゃんのほっぺには、あんこがはいっているんだよ！」
B「Bのなかはカレーだよ」
保「おいしそうだね。Cちゃんは？」
C「Cのなかには、ゆめときぼうがはいっているの」
えー！　素敵な言葉にびっくりする保育士でした。

育てていたあおむしがアゲハになり、逃がしてあげた時のこと。
子「バイバーイ。げんきでねー」
と手を振っているところにモンシロチョウが飛んできました。
保「あ、モンシロチョウがお友だちになろうって来たよ」
子「ほんとだ。おーい、おもしろちょー」
可愛い言い間違えが、クラスの子どもたちに連鎖し、しばらくみんなで「おもしろちょー」と呼びかけていました。

★

給食がカレーライスだった日のこと。
保「白いTシャツ着ているから、汚れちゃうといけないから、めくってあげるね」
A「Bちゃんもしろっぽいから、めくったら？」
保「そうだね。Bちゃんもめくってあげるね」
友だちへの関心も出てくる年齢。大人っぽい口調のAちゃんの言葉に驚きました。

★

B「ぼくのおうちのオムライス、たまごがかかってるんだ〜」と得意げに話す。
それを聞いてお友だちが、
子「えー！　ぼくのおうちもだよ、おなじだね」

散歩先の公園で霜柱を触って

子「つめたーい。かぜひいちゃうよね」

★

散歩中、川にいた鴨が水中に頭を出し入れしている様子を見て
保「鴨さん、何しているのかな？」
子「グチュグチュぺーしてるんだよ」

★

外国籍のA、B 2人がままごと遊びを楽しんでいるところに、Cが入ってきました。
A「Hello」
B「Oh, Baby」
C「○△□×」
なんちゃって英語を話すCでした。

★

お別れ会の日のこと。みんなの前に一人で立ち、恥ずかしがりながらも自分の名前を言っていたAちゃん。クラスに戻ってきてから
保「（胸を指しながら）ここがドキドキした？」
と聞いてみると
A「なんかね〜、Bちゃんがだいすきだよ〜、Cちゃんがだいすきだよ〜ってきもちになったの」

Aちゃんなりの表現の仕方に私も胸が熱くなりました。違う保育園に行っても元気でね！

★

保「部屋に戻るよ〜」
みんなが部屋に入っていくなか、一人だけ遊びたくて園庭で遊ぶAちゃん。
保「Aちゃん、いつ入ってくるかな？」
B「わたしに、まかせて！」
保育士の代わりに、はりきってAちゃんを迎えに行くBちゃん。しばらくして……
B「むりだった〜」
残念そうに戻ってきたBちゃんでした。

★

子どもたちが園庭で遊んでいるとき、Aちゃんが三輪車をこいでいると、後ろからお友だちがついてきて……。三輪車を降りて歩くと、やっぱり同じようについてきて……。今度は、走ってみると、やっぱり走ってついてきて……
A「Aちゃんと　あそびたかったの？」
B「うん」
A「そっかー」
と二人で手をつないで遊びに行きました。

「うん」「そっかー」で分かり合える関係、英語は話せないけどそれらしいことばでごっこ遊びに加わるCちゃん、蝶の名前よりも、蝶に呼びかけたい子どもたち、自分の気持ちを「……Cちゃんだいすきだよ〜」と表現したAちゃん。2歳児の世界を「ことば」から覗いてみても、こんなにユーモラスであり、かわいさがあり、時には大人が驚くようなことばを使い表現しています。そして、様々な場面で子どもたちの心が動き、思いがあふれていることを子どもたちのことばを通して感じられるようになります。
　しかし、子どものことばは、保育者が書き留めなければ残ってはいきません。それぞれの「わたし」の世界を意識し始めた2歳児の子どもたちとともに、大人の時間ではなく子どもの時間をともに楽しみながら、子どもたちのことばの世界を知りたいものです。（源）

＊私たち東京都公立保育園研究会の機関誌『広報』に毎号、保育者が採集した子どもの言葉を連載しています。そこから2歳児の言葉をいくつか拾ってみました。

3

自分でやりたい「わたし」

　自分でやりたい、やってみようという気持ちがどんどん出てきて、最後までねばり強くがんばる姿が増えてきます。とはいえ、思い通りいかず怒ったり泣いたりはつきものですし、逆にぐっと集中することもあります。そんな自我の揺れる姿に、どこまで大人が付き合えるか根気のいるときです。このときの自分でできた！　という満足感を得る繰り返しが、自信につながり自分らしく生きていく力の土台を育んでいくのでしょう。

> **事例7**　　　**ひとりでできるもん！**

　何でも自分でやりたいすみれちゃんは、いつもより給食を食べ終わるのが遅くなってしまいました。布団を敷く関係で、着替えの場所が2箇所に分かれているりす組です。なかよしのらんちゃんがいるほうで着替えたかったのですが、遅くなってしまったすみれちゃんは「あっちできがえてね」ともう一つの場所にいくように言われてしまいました。それを言われたすみれちゃんは、着替えへと向いていた気持ちが折れてしまったようで、着替えをせず遊び始めてしまいました。

　保育者としては少しでも早く全員の着替えを終わらせてお昼寝をしてほしい時間だったので、すみれちゃんに遊びを終わらせるように伝え、その保育者と一緒に着替えることになりました。自分でやりたいすみれちゃんに対し、早く終わるように保育者は手伝ってしまいました。すると、それが気に入らない様子のすみれちゃんは「すみれちゃんがやるの！」と怒って保育者が手伝ってたたんでくれた服をすべて広げ、たたみ直します。保育者が「そこはこうしたほうがいいよ」と声をかけると、「見ないで！」と1人でやりたい意思を伝えるすみれちゃん。こうなっては見守るしかないと考えた保育者は、そっと見守りました。早くしたい保育者の気持ちに反して、すみれちゃんはたたんでは広げ、シワを伸ばしてはたたんでと、納得がいくまで繰り返しました。普段の倍ほどの時間をかけて終了すると、晴れやかな表情で足取りは軽くお昼寝へと向かいました。

3 自分でやりたい「わたし」

保育のポイント　納得いけば晴れやかに

　　見通しがもてるようになり、次はこうしたいという気持ちが強くなっているときは、思いと違うとなかなか次の行動に移れなくなってしまうことがあります。これは、最大の"イヤイヤ"期の特徴かもしれません。こちらが、早くしてほしい時ほど、こんな姿に出会うのではないでしょうか？　しかし、これは大切な自我や自立心が発達している証拠です。子どもの気持ちに寄り添い、要求を理解して受け止めることで、子どもが満足して次へ進むことができたり、その要求を言語化してあげることで納得したりできると思います。自分でやりたいと言う子どもの気持ちの中には、"できるから見てほしい""こんなこともできるようになったよ"と大人に認めてほしい思いもあります。時間がかかり大変なこともあるかもしれませんが、大人が余裕をもって見守ることで"こんなこともできるようになったんだ"と子どもの成長を感じられる瞬間です。満足できるまでやりたかったことを保障されると、達成感や自信となり次へのやる気にもつながっていくのだと思います。

　　事例のように、時間で活動を切らなくてはならないこともあると思います。そんな時でも、時間に余裕を持ったり、子どもの気持ちを受け止め、子どもが選択できるようなくふうをしたり事前に予告したりすることが大切な年齢なのだと思います。

事例8　　　　トイレまでの道のり①

　あきくんは、木製の汽車が大好き。いつものようにお友だちと線路をつなげて汽車を走らせ、楽しそうに遊んでいます。「お外に行くからトイレに行こうか？」と声をかけられる

と、すぐに「やだ！」の言葉が返ってきました。（汽車をおしまいにするのがイヤなのか、トイレに行くのがイヤなのか？）

　そこで「トイレに行くのはイヤなのかな？」と聞いてみると、「汽車がいい」とあきくん。

　「まだ遊びたいよね。汽車大好きだもんね。トイレに行ったらもう少し遊ぼうか？」と話してみましたが、まだ何か気になることがあるようです。

　「だって、かずくんが汽車をとっちゃう……」。（汽車で遊びたいからお片付けはイヤ、トイレに行っている間に汽車がなくなってしまうのもイヤなのか）

　「先生が汽車を持っていてあげるからトイレに行ってみる？」と提案してみましたが、あきくんは首を横に振ります。「あきくんがここに、待っててねって置いてみる？」と棚の上を指さすと、「うん」とうなずき、にっこり笑いながら自分で汽車を置くと安心した様子でトイレに行きました。

保育のポイント　子どもの思いがきっとあるはず

　あきくんが納得のいく方法について、保育者があきくんの様子を伺いながらいくつも提案したことで、ワーッと泣くこともなく自分からトイレに行くことができました。棚の上に自分で汽車を置いたことも、あきくんの気持ちの納得につながったのかもしれません。大人は、ついついこちらの都合で子どもを急かしてしまうことがあります。そのような時「自分はこうしたい」という2歳児の意思（思い）に触れることで、大人側の都合であったことに気づくことがあります。今のその子の気持ちをしっかりと受け止め、一緒にお互いの納得を見つけていくことがこの時期の大切にしたい関わりです。

3 自分でやりたい「わたし」

事例9　　　　　　　　**トイレまでの道のり②**

　食事の前、保育士に誘われてトイレに行こうとしていたみこちゃん。保育士がズボンを脱がそうとすると、「じぶんで！」と怒っていました。そのまま様子を見守っていると、苦戦しながらもズボンとオムツを脱ぎトイレへ。その表情は「自分でできた～」と満足気でした。

　トイレを済ませ手を洗うときのこと。石鹸のボトルを、使いやすいようにと保育士がそばまで持ってくると、「みこちゃんが！」と、石鹸のボトルをさっきまであった場所に戻し、自分で取ってきて、ポンプも自分で押し手を洗っていました。

保育のポイント　子どもはジグザグしながら育っていく

　保育者は食事の準備も気になっていたので、早くトイレへ、という気持ちでした。そのため、ズボンを脱がせてしまったのですが、その子の状況（自分でやろうとしている時期なのか、自分でできるようにうながす時期なのか）をきちんと把握し、個々人にあった援助をしながら、子どもが自分でやろうとする姿を見守っていくことが大切です。うまくできないけど何でも自分でやってみたい時期です。真剣になっている子どもには失礼ですが、そんな姿を「かわいいね～」ととらえ合うユーモアや余裕を持ち合わせた大人たちでありたいと思います。

　大人たちのあたたかいまなざしに安心感を得て、"やってみる" "できない" "やってみる" "できた" "またやってみよう" とジグザクしながら成功体験を積み重ねていくことが大切です。

第1章 「わたし」は「わたし」

事例10	三輪車大好き！

　こだわりが強く、気持ちの切り替えが苦手なりゅうくん。自己主張や思いを伝えるための行動も頻繁に見られています。

　少人数のグループ分けを決めるときにりゅうくんの対応について職員で話し合い、『安心して自分を出せるように』『できるだけ納得してから次の行動に移れるように』を共通認識としました。

　生活のグループは22名を4グループに分け、育児担当制を行なっています。遊びは11人のグループを2つつくり、大きな集団にならないように配慮（屋上の広さや遊具の数、待つ時間が短くなるように）しながら、グループのメンバーは生活リズムや発達、遊びの興味などを考慮して決めています。

　この日、りゅうくんは登園時から機嫌が悪く、母と別れる時も母を求めて大泣きだったため、担当保育者が別の部屋に誘い、１対１で関わりながら気持ちを落ち着かせていました。

　天気がよかったので、屋上でリズム遊びやしっぽ取り、三輪車、ボーリング、ままごとやなりきり遊び（お店屋さん、消防隊ごっこ）など、好きな遊びを自分で選んで楽しめるように設定しておきます。おやつの前から「天気がいいから屋上に行って遊ぼうか！」と声をかけていたこともあり、子どもたちも「さんりんしゃする！」「しっぽとりやりたい！」とやりたい遊びを保育者に知らせてくれる子も多く、朝のおやつを終えた１、２グループの子どもたちが排泄を済ませ、屋上に行く支度を始めます。りゅうくんにその様子を見せながら、今日は天気がいいから屋上で遊ぶことや、大好きな三輪車に乗れることを伝えていると、急にスイッチが入ったように「りゅうくんも行く！」と保育者の膝から飛び降りて廊下に出て行きました。

　りゅうくんの気持ちが屋上遊びに向いたので、前半グループの職員に声をかけそのまま屋上に行って遊ぶことにしました。屋上に着くとすぐに「あおのさんりんしゃ！」と真っ先に向かって遊び始めました。大好きな三輪車に乗れたことで、さっきまでの機嫌の悪さが嘘のようにいい表情で三輪車にまたがり走らせています。

　部屋では１グループのかんたくんがおやつ前から連結汽車の線路を長くつなげたり、ブロックで公園や動物園などを周りに作ったりしながらイメージを膨らませてよく遊んでいました。

　「屋上に行くけどどうする？」と声をかけると、かんたくんがまだ遊びたいというので満足するまで遊べるよう後半のグループに託し、かんたくんはそのまま汽車で遊ぶことにしました。好きな汽車を独占して遊べることもうれしいようで、使いたい汽車を好きなだ

けつなげ、線路を脱線しないように慎重に走らせたり、カプラで坂道を作って滑らせてみたりと、くふうしながら遊び込んでいました。

時差を付けて今度は後半の3、4グループの子どもたちを屋上に誘います。後半グループが遊び出すのと入れ替えに前半の半分の1グループから部屋に戻り始めます。

このように、5、6人の少人数で行動することで、帽子、靴下、靴、上着の着脱や手洗い、トイレなどの生活の部分を担当がていねいに関わりながら、待つ時間ができるだけ少ないように、ゆったりとした雰囲気の中で自分でやりたい気持ちを保障し、できることが増えるように関わっています。

りゅうくんはまだ三輪車に乗っていたい様子だったので、引き続き後半グループに残って遊びました。大好きな三輪車に満足するまで乗ることができたことで、部屋に戻るときは保育者の言葉がけにすんなりと応じ、身の回りの支度もすすんで行なっていました。

保育のポイント　少人数保育で要求を満たす

　担当制少人数保育のよい所は、遊びが十分楽しめるように保育者が時間を見通し、職員間の連携を取りながら進めることで、子どもたちの『やりたい！　遊びたい！』気持ちに寄り添い、柔軟に対応できるところです。興味関心や発達に合わせ、自分で選び遊べるよう環境を作ることで、その子のやりたいことをできるだけ保障することができます。

　また、生活全体に関しても同じ担当が関わることで一人ひとりの発達を把握し、興味や気持ちの変化にていねいに関わることができます。

　担当制少人数保育を行なううえでは、担任間はもちろん、園全体でそのねらいや思い、方法を理解して保育の方法を十分に話し合い、納得して進めることが大切です。職員間でよく話し合いながらそのクラスに合ったやり方を臨機応変に決めていけるとよいと思います。

4
"イヤイヤ期" と言うけれど

　"イヤイヤ期"と聞くと、どうしてもマイナスなイメージが浮かんでしまいますが、少し角度を変えてみると、目の前の出来事にこんなにも全力で、一生懸命に自分の気持ちを爆発させられる子どもたちは、時には微笑ましくそしてかわいい姿が沢山あります。

　自分の思いを勝手に決められそうになると、全身で「わたし」（自分なり）の気持ちを伝えようとする姿や、物や場所、人への関心から好きなものにこだわる姿もあります。一方で、何でも"自分でやりたい、やってみたい"と、やる気満々。この時期の子どもたちの素敵な姿が伝わるような言葉はないかと、いろいろと考えてみました。『何でもできるもん期』『みてみて期』『のびのび期』等こんな言葉で、子どもたちを見ていくと、少し気持ちにゆとりが出て、その子の「わたし」が見えてくるかもしれません。

> **事例11**　　　　　　　**自分でできたよ！**

　まなちゃんとかなちゃんはお互いの持っている物は「自分のもの！」と思ってしまうようで、使っているオモチャや着替えの洋服も相手が持っている物をほしがって取り合いになることもよくあります。保育者が仲立ちをして『今はかなちゃんが使っているよ』『少し待っていようね』と声をかければ、たちまち「イヤー!!」「ダメ！　まなの!!」と癇癪を起こして大泣きになります。こんな姿を1日の中で何度も目にします。

　「自分で！」の気持ちも強く出ていて、生活の中のいろいろな場面で、保育者の手助けをイヤがり、自分でやろうと頑張っています。とくに着替えはその気持ちが強く、「まながやるの!!」と保育者に背を向けて格闘しています。

　ズボンをお尻の下まではけるものの、お腹まで引っ張る動作が難しく、引っ張る手に力を込めながら何度もチャレンジしていました。「手伝って欲しい時は言ってね」と、いつでも手助けできるように近くで見守ります。なかなか上手にできずに途中で癇癪を起こしながらも頑張るまなちゃん。保育者もアイコンタクトを送りながら手伝うタイミングを計っていると、じっと見ていたかなちゃんが、お尻で引っかかっていたズボンをヒョイと上げてくれたのです。「自分で！」とまなちゃんが怒り出すかな？　と思いながら見ていると、2人で顔を見合わせてニッコリ。「できた!!」と得意顔。

　保育者もその気持ちに共感して、やったねー！　と一緒に喜んでハイタッチをしまし

た。まなちゃんの達成感あふれる笑顔と、かなちゃんの誇らしそうな表情がとても微笑ましい場面でした。

> **保育のポイント　相手と自分の気持ちが溶け合うように通じる時期**
>
> 　保育者に背を向けて奮闘するまなちゃんに、保育者がかなちゃんと同じ関わりをしていたら、最後のまなちゃんとかなちゃんの表情にはならなかったと思います。また、かなちゃんの誇らしそうな表情は、「わたしがやってあげた」という誇らしさではなく、まなちゃんの奮闘にかなちゃん自身が同じ気持ちで身体に力を込め、奮闘していたからこそ、まなちゃんに寄り添えたのではないかと思います。また、まなちゃんにも、かなちゃんの呼吸を通して、気持ちが通じたのかもしれません。2歳児の「わたし」という自分なりの心が意識化されていく過程の一方で、相手の気持ちが「わたし」のことのように感じられるこの時期を見逃すことなく大切にしたいと思います。

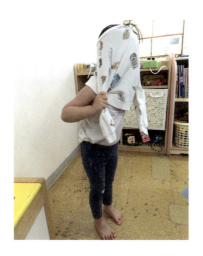

事例12　　ぼくの気持ち

　朝のおやつを終え、子どもたちが好きなコーナーに行って遊び出しています。今日は天気がいいので園庭に出て遊ぶ予定です。先に食べ終わったグループの子から園庭で遊ぶことを伝えながら支度を始めました。げんたくんはおやつの前から井型ブロックのコーナーで電車を作って遊んでいました。青いブロックで京浜東北線、黄緑のブロックで山手線とイメージしながら、周りで遊んでいるゆうりくんやじゅんくんと「やまのてせんはこっちのせんろね！」「トンネルはここ！」とやりとりを楽しんでいます。

第 1 章 「わたし」は「わたし」

　よく遊んでいたので、様子を見守りながらげんたくんたちが予測が付けられるように、何度か、もう少ししたら園庭へ遊びに行くことを伝えておきます。ゆうりくんとじゅんくんは園庭で「さんりんしゃにのりたい！」と気持ちが切り替わり、使っていた井型ブロックを手早く片付けて、支度を始めます。げんたくんはまだ遊びたい様子でしたが、最後の一人になってしまったので、本当は満足するまで遊ばせたかったのですが、体制的に難しかったので、後でまた続きができることを伝えながら誘ってみました。日頃から穏やかで泣いて思いを通したり、癇癪を起こしたりしたこともないげんたくんでしたが、今日は、保育者の声は聞こえているはずですが、遊んでいたい気持ちを無言で電車を動かすことで伝えているのだと感じました。

　少し待ってから、まだ遊んでいたい気持ちを言葉にしながら受け止め、後で続きができるように井型ブロックで作った電車にげんたくんのマークを描いて貼ることや他の子が間違って使わないように棚の上に車庫を作ることなどを話すと、じっと考えた後で「うん」とうなずいて、自分で棚の上に置き、支度に向かいました。

保育のポイント　無言で伝えていることもある

　げんたくんは、無言ではありながらも行動を通して自分の気持ちを伝えていました。2歳児になると言葉が急速に増えていきますが、子どもの姿を見ると、まずは行動を通して自分の気持ちを表現し、言葉が後からともなってくることがわかります。げんたくんの行動から気持ちをくみ取り、げんたくんの気持ちを言葉にして伝え、提案したことで、げんたくんのうなずきにつながったのだと思います。一方で、保育者の外に遊びに行こうという予定に合わせてくれたかもしれない2歳児でもあることを振り返りたいと思います。

事例 13　　　　　　　　　**わたしの場所**

　玩具がいつも散乱した状態の保育室。毎日の片付けに多くの時間を要していました。また、子どもも落ち着かないのか、玩具を持ったままうろうろしている子もいました。そこで、子どもがゆっくり２人座れるくらいのマットを用意し、ブロック遊びをしていたあやねちゃん、積み木遊びをしているたくとくんにマットを見せ、数枚のマットの中から好きな色のマットを選んでもらいました。選んだマットをうれしそうに抱え、「ここがいい」という場所に敷きました。これまではあっという間に散乱し、玩具が混ざり合っていたのですが、マットからはみ出したものは一つもありませんでした。また、遊び終わった際には自分でカゴにしまう姿が見られました。子どもたちの姿に、玩具の散乱や玩具を持ってうろうろしていた子どもたちの姿は、保育の環境作りに一因があったのではないかと思いました。

保育のポイント　環境の見直し

　あやねちゃん、たくとくん、それぞれの場所がマットによって明確になったことで、安心して遊ぶことができたように思います。好きな場所を自分で選び、好きな色のマットを敷き、「わたしの場所」で好きな遊びを満足するまで行なったことが、自分で遊びの終わりを決め、カゴにしまうという行為につながったのではないかと思います。２歳児期の保育環境を見直すことで、子どもが穏やかに遊ぶことができることを子どもの姿に学びました。

第1章　「わたし」は「わたし」

まとめ　保育者の関わり

2歳児期、自分が自分の主人公になるために、精一杯「イヤっ」「ダメっ」と主張する子どもたちに、保育者としてどのように関わったらよいかについて話し合いました。

●一人ひとりその子なりの表現があることを理解する

イヤイヤ期の出し方はその子によって異なる。しっかり主張できる子もいれば、行動で気持ちを伝える子もいる。さまざまな場面で「わたし」に向き合っている2歳児に、ゆったりとした気持ちで対話しながら寄り添っていくことを重ねていきたい。

●タイミングよく声をかける

大人と同じように子どもにもその子なりのタイミングがある。保育の予定は保育者側の予定であって、ついつい意識せずに大人の予定を子どもの見通しとして伝えてしまうことがある。子どもの今の興味や関心、面白さに心が動いていることを最優先したい。しかし、どうしても区切りを付けなければならない場合は、子どもの満足のいく頃合いを見計らって声をかける。また、子どもに相談してみることで納得してくれることもある。

●さりげないフォローをすることで、意欲を持ち続けられる

着替えなど、「じぶんで（やりたい）」と、何度もチャレンジしている子どもの横で保育者が「わたしもやってみるね」とやって見せ、「うまくいかないなあ」と子どもの気持ちを汲み取りつぶやくことで、意欲を持ち続けられることがあった。また、頑張っている姿に手を出さず、近くで応援することで最後まで頑張ることができた。

●待ってくれたことへの感謝

保育中、子どもたちを待たせてしまった際、待ってもらったことへの感謝の言葉を伝えるようにする。繰り返していくうちに、待ってくれるようになった。

●約束を守る

2歳児は自分から保育者とした約束についてよく覚えている。子どもとの約束はどのようなことがあってもしっかり記憶し守るようにする。たとえば、隣に座る約束をしていたことを忘れ、別の子どもと約束してしまうことがないようにしたい。

●一人の人として尊重する

2歳だから、子どもだからではなく、一人の人として尊重する。保育者自身の言葉や行動も変わる。また、尊重された子どもたちの優しさに気づかされる。

Column

保育者だってお母さん

　日頃職場の保育園では保育者として、子どもたちの発達や個性を温かく見守り受容しながら働いている保育のプロの保育者も、家に帰れば普通のお母さん！　保育者のお母さんだってこんなにヘトヘトです！　クスッと笑って、そうなんだぁ！と勇気をもらえるエピソードです！

Episode
お兄ちゃんと一緒がいい！

　保育園のお迎えの帰り、お兄ちゃん（4歳）が自転車の前に乗りたいと言うと、「いーちゃんも」（2歳8か月、女の子）と言って、2人とも前に乗りたがる。「お菓子買って帰ろうか」「帰ったらYouTube見ようか」と、いろいろ提案してみるが、「いやー」と返される。兄にも同じように話すが2人ともまったく譲る様子がなく、大騒ぎをして困っていた。そこに、園長先生と担任の先生が「どうしたの？」と声をかけてくれた。事情を話すと、先生たちも子どもたちに話をしてくれて、とりあえず下の子を自転車の前に乗せて、兄は自分の通う幼稚園の話をしながら後ろに乗せることができた。その間は、前に乗れなかったことなど何もなかったように先生と話をしながら、ご機嫌だった。

　保育園の前での出来事だったので、とりあえずこの場を離れたいと思い、お菓子やYouTubeに気持ちを向けて帰りたかった。先生も出てきてしまい、申し訳ないのと、「保育者3人よ！」と自分の職業も知られていたので、どうすることもできなかったことが恥ずかしかったが、「母と先生は違うのよね」と園長先生が共感してくれてよかった。

Episode
だって2本がいいんだもん！

　冷蔵庫を開けて、ヤクルトを見つける。飲みたいと言うので渡そうと思ったら、お兄ちゃんと母の分も取ってというので、3本渡した。お兄ちゃんにあげると思ったら、急に「2本のむ！」と言い出す。始めは1本だけと言ったが、「イヤイヤ！」と大泣き、暴れ出したので、「1本飲んだら、こっちも開けるよ」と話してみた。が、それも納得いかず、2本飲むことにこだわる。しばらく泣いたままにしたが（5分くらい）それでもあきらめないので、仕方なく2本開けてみたが、もうそれもイヤになってしまい泣き続ける。そうしていると、お兄ちゃんがヤクルトを倒してしまい母が片付けをしているうちに、何もなかったように飲み始め、「おいし〜」とケロッとしていた。
　気持ちを切り替えようと別の話もしたがぜんぜんダメだったので、一度ダメと言ってしまったが、泣きに負けて2本開けることに。これで治るかと思ったら、時間が経つとそれもイヤになってしまいどうしたらいいものかと頭を抱えた。
　日頃、職場の保育園では保育者として、子どもたちの発達や個性を温かく見守り、受容しながら働いている保育者も、家に帰れば普通のお母さん！保育者だって必死に向き合ってヘトヘトになることも多いのです。プロの保育者だってそうなんだからと考えると、初めて我が子のイヤイヤ期と向き合う保護者の方は、わからないことだらけで自己主張真っ盛りの子どもたちと格闘している。そう思うと「大丈夫ですよ」「頑張ってるの知ってますよ」とエールを送りたくなります。子育て支援が保育園の重要な役割とされている今、保護者に寄り添い連携を取りながら共に子どもたちの成長の後押しができたらうれしいです。

第2章
遊びこむ満足感

この章では、子どもたちが自分の好きなことや、やりたいことをどのように見つけ、それをどのように満足するまで遊ぶのかについて考えます。子どもが遊びに没頭するための理想的な環境（空間や時間）の構成とは何か、そして、その満足感から子どもがどう変わり、その後の成長にどのようにつながるのかを探ります。これらを支える保育者が子どもの気持ちをどのように読み取り、関わっているのかについても考えていきます。

1
好きなこと、やりたいこと

> 事例1　　**生き物大好き**

　毎日保育園の帰り道に虫取りをしているだいきくんは、園でも昆虫図鑑や生き物の写真絵本が大好きでよく見ています。「こ〜んなにおっきいカミキリムシがいたんだよ」とカミキリムシが載っているページを広げて教えてくれます。また、ある時には、カエルのページを見ながら「今日はカエルをつかまえるんだ。こうやってつかまえるんだよ！」と捕まえる身振りを見せてくれることもあります。「これ（アマガエル）はこれくらい？」と両手を広げて実際の大きさをイメージし、「これ（ヒキガエル）はドクがあるの？」などと新たな質問も絶えません。すべての写真を指差しながら、知っていることを教えてくれ、読んでもらいながら、この日は15分ほど熱中して本を閉じました。その後も、本を保育者と一緒に見ることは続いています。

保育のポイント　　夢中になることがもたらすもの

　好きなものだから、興味を持ち、もっともっと知りたいと思っている様子が伝わってきます。知っていることを伝えるだけではなく、書いてある内容から「どうして？」「なんで？」「どうしたら？」などの難しい質問が、聞かれることもあります。そんな時には、わからないことを伝えたうえで、一緒に考えたり、調べたりすることにしています。このような子どもとのやりとり

が、保育をするうえで楽しいひと時でもあります。保育者自身が生き物に詳しくなっていくことで興味が広がることもありますが、目が輝く瞬間や表情、声の抑揚などを隣で感じ共感することができれば、子どもが好きなものへの理解が深まると思います。また、自分の好きなものを一緒に好きになってくれる保育者がいれば、子どもは自分が大事にされていると感じてくれるのではないかと考えています。

　好きだからこそ、繰り返して図鑑や本を見たり、毎日虫取りをする中で、面白さを感じているからこそ、次の興味につながっていると思われます。今、何を感じているのか、その子の視点に目を向け、保育者としてもさまざまな発見を重ねていきたいと思います。

事例2　お気に入りの人形と一緒に膝の上

　りこちゃんは、お気に入りの人形を抱えて保育者の膝に座ることで落ち着くのか、そこを定位置として静かに周囲の様子を見ていることが続いています。泣くわけでもなく、困った様子も感じられないのですが、人形と保育者の膝が大好きでした。

　ある日、りこちゃんの視線の先には井形ブロックで電車を作って走らせて遊んでいる男の子たちがいました。その中の一人が、直方体に丸ブロックを棒で付けて何かを作り始めました。りこちゃんは、その様子をじっと見ていたのですが、ブロックが完成すると男の子は「おばけだぞ〜」と言って友だちに見せ、電車を走らせていた子たちも「キャ〜ッ」と怖がり、大きな声を出し始めました。それを楽しそうに笑って見ていたりこちゃんが立ち上がり、保育者の傍を離れて井形ブロックを数個持って来ました。「おばけつくる！」と言って保育者と一緒に見ていたブロックのお化けを作り始めました。そして、完成するとうれしそうに男の子たちにも見せに行きました。

　そして翌日のことです。登園すると、自分からブロックを手に『お化け』を作り始めたのです。

保育のポイント　子どもの見ている先、感じていることは？

　一人で遊んだり、友だちとの関わりを求めるよりも、今はまだ保育者の傍にいることで安心できることが心地よいような姿が多くありました。子どもが膝に座ってしまうと、職員の動きが制限されることもあり、その姿や職員の関わりについて職員間で話し合いました。その中では、膝の上に座ったまま「遊んでいない」ととらえてしまう見方もありました。しかし、りこちゃんがどのような気持ちで保育者の膝

に座っているのか、自分から離れるまで保育者の膝に座るためにくふうできること
はあるか、などをさらに話し合っていきました。ある日りこちゃんの視線の先に、
周囲の友だちが遊んでいる様子があることに気がつきました（手元の遊びを止めて
周りの様子を見ているなど、子どもの姿から子どもの心情を読み取ることができて
いませんでした）。

　自分で"楽しそう""やってみたい"と感じたことで、見ているだけでなく作って
みようとする気持ちと行動がつながったのだと思います。友だちと同じ場所ではな
く、ブロックを運んできて安心できる保育者と一緒に作りましたが、それだけで、
「やってみよう」「やりたい」という気持ちに心が動いていったことを感じました。
そして、何よりも次の日には自らの遊びにつながったことは、私たち職員が想定し
ていなかった展開です。

事例3　プリンセスになるために

　ままごとで遊んでいると、大好きなプリンセスの髪型と同じようにしたいと保育者に「髪
の毛長くする！」とバンダナを渡してきました。保育者がバンダナを髪に付けると、さっそ
く鏡の前で横向きになり、長くなった髪をうれしそうに見ています。その様子を見て「わ
たしもやって～」と次つぎとプリンセスが増えていきました。何日も遊んでいると、今度
は髪型にもやってみたい形ができて、「ここ結びたい」とバンダナの途中を結んだり、ボタ
ンはめやマジックテープのついた布を結びつける、スカートを頭に被るなど、思いおもい
の発想で髪の毛を長くしたり、飾りをつけて華やかにするなど、髪型一つでもみんなが違
うプリンセスに変身しています。

1　好きなこと、やりたいこと

保育のポイント　子どもたちの発想は豊か

　やりたいことをどのようにしたら表現できるか、身の回りにある物を使って遊ぶ姿に驚かされました。
　見たことがあるイメージを、目の前にあるものを使って再現していくことで、同じようにイメージする子どもがいて、遊びに変化が生じ、「こうしてみたい」「これはどう？」と、保育者にも手伝ってもらいながら、大好きなプリンセスになりきっています。子どもがその時々でイメージして手に取ったものが、本来は、違った使い方をする玩具だったということは、みなさんにも経験があるのではないでしょうか。このような玩具の考え方（使い方）も保育者間で話し合い、共有しながら、想像力豊かに遊ぶ子どもをイメージして、子どもたちに「そうそう、今これが使いたかったのよ」「これこれ」とすぐに手に取れるような環境を用意していきたいと思いました。私たち保育者も想像力豊かに保育環境を整えたいものです。

事例4　　　　**バーベキューから釣り堀？**

　ままごと遊びをしていたはるきくんが、テーブルに食材を並べトングで焼いていたので「おいしそう。何を焼いているの？」と聞くと「バーベキュー」と笑顔で教えてくれました。その日の連絡帳には、週末キャンプに出かけてバーベキューをしたことが書いてあり、今日のままごとでさっそく、楽しかったバーベキュー遊びを始めたことがわかりました。
　友だちも加わりままごとの食材をお肉や野菜にみたてて焼いていましたが、「お魚も焼きたい」「ピザも焼きたい」という声が上がり始めました。子どもたちの焼きたい物を形にできないかと長封筒や丸く切った段ボール、色画用紙などの素材を用意してみましたが、子どもたちのイメージとは違ったようです。「魚つくる！　ぬりたい（クレヨンで色を塗る）」「ピザにハムとチーズと……」と言って座り、用意していた色画用紙や段ボール紙などを

使って色を塗ったり、のりで貼ってピザの具をのせるなど、うれしそうに作り始めました。
　テーブルに直接食材を置いていたので、「バーベキューはどうやって焼くの？」とはるきくんに聞くと、「こ〜んなに大きくって〜」と身振りを含めて説明してくれたので、保育者もアイデアを出しながら段ボールの上に金網を置き、焼き台を作ると、「バーベキューだ」と作った魚やピザを並べて焼き、「おいし〜い」「あつ〜い」「ふ〜ふ〜」と冷ましながら、本当に食べているようでした。食べ終えると、休日に釣りを経験した子が、「釣ってきたお魚を焼こうよ」と提案したので、「釣りってどんなふうにしたの？」と聞きながら、一緒に釣り堀を作ることにもなりました。

保育のポイント　やりたい気持ちに応えていくと、遊びがどんどんつながっていく

　経験して楽しかったことを翌日のままごと遊びの中で再現しています。バーベキューを経験していない子も一緒に遊んでいく中で、バーベキューがどのようなものなのか、何となくわかり始め、自分も焼いてみたいと思ったようです。子どもたちのリクエストはままごとの食材にないものもあり、どのような素材を用意したらいいのか、その場で対応することになりました。そのため、イメージの違いから、子どもたちから色を塗りたいという声が聞かれて、制作遊びも兼ねることとなりました。すぐに使えるものもいいのですが、今回のように少しイメージと違ったことで、「何をする？」など相談したり思いを聞きながらも、子どもたち自身が手を加えて作り上げることで、本当に食べているかのような仕草でのバーベキューになったのかもしれません。

　また、バーベキューをしている中で、釣り堀へ遊びがつながったことは、子どもがやりたいことをやりたいと思った時に、友だちと一緒に考えて遊びを広げられた保育者のいい経験になりました。遊んでいる中で、発せられた言葉から、やりたいことを待たせたり、止めることなく、遊びが広がっていくように子どもたちの声に、耳を傾けていきたいと思います。

1 好きなこと、やりたいこと

事例5　　　　　　　　**私だってできるもん！**

　園庭で年上の子どもが、バスマットを敷いて家を作ってままごと遊びをしていました。その近くで、ひまりちゃんが入りたそうに見ていたので、ひまりちゃんを誘い保育者と一緒に仲間入りすることになりました。年上の子どもたちは、親切にしてくれ、お客さんになったひまりちゃんにご馳走を次つぎに運んでくれ、作ってもらった物をうれしそうに食べて楽しんでいました。後日、年上の子どもがいない時に園庭で遊んでいると、ひまりちゃんが「先生、これお家にして！」とバスマットを持ってきました。先日の遊びを再現したいことがすぐにわかったので、あの日と同じような家を一緒に作ると、あの日の自分と同じように加わってきた友だちに、今度は自分が料理をする人になり、ご馳走を作って運び、食べさせてあげることを楽しんでいました。

保育のポイント　異年齢児との関わりが広げる遊び

　年上の子どもと一緒の時は、様子を見ながらずっと静かなお客さんだったのですが、別日は私が主役といった様子で自分から必要な物を探しに行ったり、要求して、自分がしてもらったことを再現するかのように、友だちや保育者を相手にしたり張り切って遊んでいました。保育者は、年上の子どもにしてもらったことを再現しやすくなるよう「何を用意する？」と聞きながら、子どもと一緒に考え、ひまりちゃんがイメージしていることに近づけるようにしていきました。

　異年齢児との遊びは、年少者には魅力的に思われる場面がたくさんあると思います。一緒に遊びたいけれど自分からは入れない場合には、保育者が仲立ちとなり、きっかけを作り一緒に遊ぶことで子ども同士の関わりをつなげる場面もあります。年上の子どもと遊ぶ時は、年上の子どもの話を聞いて受け入れて遊ぶことも多いかもしれませんが、そこで経験したことを年上の子どもたちがいない時には、自信をもって活発に進めていく様子がありました。また、仲間に加わった友だちには、年上の子がしてくれたように優しく接していました。異年齢児との関わりも大切にしていきたいと思います。

2 満足するまで遊びたい
〜満足した後、子どもの心に育つもの〜

事例6　今日の収集は

　あかりちゃんは、園庭で探索しながら、毎日いろいろなものを収集するのが大好きです。サクラの実や、ブドウ、小さな石などを拾ったり、アリやダンゴムシを捕まえてカップに入れて集めたりし、時々それを「みてみて！」とニコニコして保育者や友だちに見せに行きます。毎日収集していると、始めはただ、何でも拾い集めていましたが、そのうちに潰れている実は、その木の実の汁が手につくことに気がつき、また、見せてもらうたびに、保育者からも「きれいね」「光っているね」などと、感想を伝えてもらうことで、少しずつ、収集したものの魅力にも気がつき始めたようです。大きさや艶のよさなどがわかるようになってきました。どこから見ても傷がないもの、真っ赤できれいなものなど、色や大きさなども吟味し、石は、手のひらより小さくて、つるつるした艶のあるものを集めます。「つるつるだよ、さわってみて！」と、とても触り心地がいいすべすべの石が見つかると、大喜びです。ずっと大切に持っていました。

保育のポイント　集中と発見の相乗効果

　2歳児になると同じものを収集し、比較することで気がつくこともあります。同じような小さくて丸いものを収集していく中で、一つひとつの違いに気がつき、もっと形がきれいな物や艶のあるものなどを見つけることの楽しさ、うれしさを感じられるようになります。また、自分だけのものとして集めたものを保育者や友だちに見せることでその「素晴らしさ」を共有し、また「夢中になって集めて」を繰り返すことで新たな発見や喜びを

感じていたようです。見つけたものの楽しみ方は、それぞれあると思いますが、毎日収集する中での気づきや発見は、夢中になって続けていないとできない経験かもしれません。

　そして、見つけたものを大切にし持ち続けている気持ち、その心は、私たち保育者も大事にしたいところです。

事例7　やりたいことは自分で決めるよ

　パズルが大好きなけいたくんは、登園した9時から10時半位まで部屋のパズルを次つぎと作り続けていました。一通り遊んで、片付けているうちにあっという間に11時になり、ご飯が始まる時間になりました。ところが、その頃になって「外に遊びに行く」と言いだしました。同じクラスの子どもは誰もいない園庭でしたが、さっと支度をして年上のクラスの子の泥んこ遊びに加わりました。けいたくんは、とても楽しそうです。しばらく、様子を見ていましたが、時間を見ながら、保育者が「ご飯食べない？」と、誘ってみることにしました。まだまだ、泥んこ遊びを続けたい様子です。部屋では、ご飯を食べ終えた子どもがテラスで遊び始めました。「そろそろどう？」「今なら、まだご飯が温かいよ」と声をかけると、「いま、かたづけてるよ、ごはん食べるよ」と言って自分の使ったものをすべて片付け、手足を洗って入室してきました。

　最後に、食事を始めたのに、おしゃべりすることなく、黙々と夢中でご飯を食べ終えると、何事もなかったかのように「おやすみー」と言って布団に入っていきました。

保育のポイント　子どもの力を信じる

　自分の大好きなパズルを、次にやりたいことを考えていたうえで、片付けていることがわかります。そして、そのために準備をすませて外へと繰り出し、楽しそうに見えたのでしょう。大きいクラスの子どもたちに加わって泥んこ遊びを楽しみ、泥んこ遊びに満足して次の食事をするための行動に移っていることがわかるエピソードです。

　遊びこんでいるときは、保育者の声も聞こえないくらい集中していることもあると思いますが、心が満たされ、満足した後には、「お腹がすいたな……」

など自分の体の声にも気がつけるようになるのかもしれません。自分で遊びの終わりを決め、次の行動へ意欲的になる姿は、満足して気持ちが満たされたうえでのことだと思います。そして、けいたくんが黙々と食事を食べていたのは、もしかしたら、自分が遊んでいたために、みんなより遅くから食べ始めていることを理解したうえでの行動だったのかもしれません。一方、保育者側から考えると、ご飯の時間に外へ行くなんてというマイナスな想像もしますが、きっとひと遊びして満足すれば帰ってくると、信じて見送り、自分で切り上げ戻ってきた姿にホッとした気持ちもあったのではないでしょうか。

明日はどんなことがあるのだろうと、ワクワクした気持ちで子どもが満足するまで遊びたい気持ちを大切にした関わりができるようになりたいと思います。

事例8　これ、どう？じゃあ、これはどう？

　塗り絵のコーナーにいたことねちゃんを、数枚完成させたらまとめてロッカーにしまい違う所に遊びに行くのだろうと思って見ていました。ところが、塗り絵をしていた机に再び戻ってきました。でも、塗り絵を再びすることはなく、他の子どもが塗り絵をしている様子をなんとなく視界に入れて、窓から外を眺めている様子でした。

　少し経つと、一か所の机で、大きな声が聞こえてきました。ことねちゃんも保育者もなんとなくそちらを向きました。塗り絵をしていたうちの一人がとてもカラフルな塗り絵を完成させていたことで、通りかかった保育者から歓声があがったようでした。その一部始終を見ていたことねちゃんは、保育者の横で「これどう？」とロッカーにしまったはずの作品を持ってきて見せてくれました。「色の組み合わせがきれいだね」と伝えると、ニタッと笑って、また別の作品を持ってきました。1枚ずつ数回このやりとりを繰り返すと、満足げな表情でした。ことねちゃんは次の日もその次の日も塗り絵を楽しんでいます。もちろん、近くの保育者に見せて感想を聞くことも忘れません。

2　満足するまで遊びたい

保育のポイント　子どもの気持ちに気づくとは？

　　塗り絵をやめても、また塗り絵のコーナーに戻ってきた様子から、きっと何かが足りなくて元いた場所に戻ってきたのだと思います。ただ、戻ってきた時には、保育者もそれが何かがわからず、様子を見ているだけでした。言葉では表せない物足りなさがあり、時間が経過して、その物足りない何かがわかった気がして保育者に作品を見せたのでしょう。今までの大人に気持ちを察してもらう日々から、2歳児になり少し成長して、"自分で見せに行き、認めてもらってうれしいな"という気持ちになっていったのだと思います。保育者と共感してこそ満足が得られたという経験もできるよう、子どもの気持ちに気がつける保育者でありたいです。
　　※クレヨンやペンなど、さまざまな書く物はありますが、曇った窓ガラスに指で絵を書くことも、筆記具と違って楽しいですよ。とくに保育園は、ガラス戸が大きいので、おすすめです。

　その後、ことねちゃんはシールが大好きになりました。家からシールを持ってきて体中に貼ってみたり、散歩先で見つけたストリートアートやステッカーを保育者がシールに印刷すると、これも体に貼って遊んでいます。もちろん近くにいる保育者に見せています。

保育のポイント　「見て見て」の背景にある子どもの気持ち

　　姿や関心は変わっていきますが、ことねちゃんの保育者に見せるという行動は続いています。"見てもらって喜び、楽しむ"という姿は、人とのコミュニケーションの基礎やエンターテイメントの要素も育まれているように感じます。

事例9　　　好きな遊びを見つけて

　ゆいちゃんはリモーザを楽しめるようになり、これが好きな遊びになったようで、早く遊びたい一心からか、朝も入園当初に比べると保護者との別れに対する切り替えが早くなりました。また、「リモーザをやりたい」と言って登園することも増えてきました。リモーザが本当に大好きということもあり、午前中ずっと続ける日もありました。好きな遊びを見つけることができたゆいちゃんは、「リモーザをやりたい！」とリモーザをすることが楽しみであり、保育園に来る目的にもなっている様子でした。一人でじっくりと楽しみ、すべてのプレートにパーツをはめ込み終えるまでじっくり集中して遊び続けます。すべてを終えると、他の遊びを始めます。体を動かしたり、ままごとで保育者や友だちとのやりと

第2章　遊びこむ満足感

りを楽しんだりと、リモーザを通して自信をつけたからか、表情も豊かになってきたことを感じます。

> **保育のポイント　心動かされる遊びを一緒に探す**
>
> 　"好きな遊びを見つける"ということは、その子の心が動くタイミングなのかもしれません。さまざまな遊びに誘っていきながら、その子が心動かされる遊びを一緒に探していき、安心してじっくり遊べる経験を積み重ねていくと、子どもの姿にも変化が現れるように思いました。リモーザはボトルやカップに入れて楽しんだり、プレートにパーツをはめたりという遊び方を選べるように設定していましたが、それと同時に一人でじっくり遊べる空間も大切にしていました。これが、安心して遊べる環境になっていたように思います。
>
> 　また、すべてのプレートにパーツをはめ終えた後のうれしさを経験したことで、他の遊びもやってみたいと思える要因になっていたのだと思います。「ぜんぶできた」という満足感。「これをやりたい」という意欲。これらがその後のチャレンジにつながっていくことを実感した出来事でした。

事例10　みんなのものでも、いつも使いたいから、ここにしまっておくの

①保育園の物はみんなの物……という理解はできているけれど、玩具を渡したくない様子のたまきちゃん。全部自分だけのものにしたい気持ちがあるようで、棚と棚の間にこっそりしまっていました。
②つばさくんは、みんなの玩具だとわかっているようですが、いつも使うミニカーは使っ

ていないときでも取られたくない様子でした。そのため他の子には使ってほしくなさそうにし、いつもの片付け場所とは違う別の場所にしまっていました。

③がくちゃんは、トーマスが大好きです。登園すると真っ先にトーマスの電車を握ることが日課のようになっていました。ある日、母親ではなく父親と登園したがくちゃんは、「ママがいい〜」と、大泣きで入室してきました。その姿を見たはるくんは、サッとトーマスの電車を取りに行き、泣いているがくちゃんに「ハイッ」と渡してくれました。トーマスを握りしめてがくちゃんは泣き止みました。

保育のポイント　"独り占め"と見るのは大人の主観

　自分のものと人のものの区別はついています。だからこそ、名前が読めなくても友だちのタオルや布団、かばんも知っています。また、保育園の玩具はみんなで使うことも知っていますが、玩具を全部使いたいことやお気に入りを自分だけで使いたい気持ちもあります。他の友だちに使ってほしくない、貸したくない、譲れない、全部一人で使いたいこともあります。そして、子どもたちは、誰がいつも何を使っているのか、よく見て知っているのです。知っているからこそできる優しい行動も微笑ましく思います。

　"玩具を全部使いたい""私だけのお気に入りの玩具"という思いに寄り添い、保育者間でその気持ちを共有し、全部使える、お気に入りの玩具を取られる心配なく使える環境を整えたいものです。"独り占め"という言葉は大人の主観で、実は玩具を全部使うことが、満足して遊ぶためには必要なことなのかもしれません。さまざまな経験を通して、相手の思いに気がついたときなどに貸してあげたり、他の玩具で遊んだりする行動から、子どもたちの成長を感じます。

第2章　遊びこむ満足感

事例11　　　　あれもこれもぜ〜んぶ楽しい

　ハサミを使って細長い紙を切る遊びをしていた時のことです。保育者に手伝ってもらい何度も何度も繰り返し紙を切っていたゆかちゃん。しかし、なかなか思うように切ることができませんでした。翌日、ゆかちゃんは登園してくるとハサミをやりたいと話し、早速ハサミを持って細長い紙を切り始めました。その次の日も同じように切る遊びをしていたゆかちゃん。ぎこちない手つきではありますが、それでも毎日のようにハサミを持って何度も切ることを繰り返しました。1週間すると、持ち方も扱い方も上手くなり、「もう切るものない？」というくらい、速くスムーズに切ることができるようになっていました。

保育のポイント　集中や粘り強さはどこから？

　ゆかちゃんは、毎日コツコツと紙を切ることを繰り返しました。保育者は、ゆかちゃんが少しでも切りやすいよう、紙の幅や長さ、硬さを考え調節しましたが、毎日諦めずに挑戦する粘り強さを、感心しながら見守りました。なかなか思うように切ることができなくても、途中で怒ったり、投げ出さずに続ける意欲は、どこにあったのでしょう。自分でハサミを動かすこと、切れるという感覚、切った紙が増えていく様子や持っていた長い紙の形が変わる様子、もしかしたら、切った紙の形をみて何かにみたてていたのかもしれません。そんな楽しみがあったからこそ、毎日続けられたのでしょう。そして、扱い方も上手になった経過から、ゆかちゃんに自信が付いたことや誇らしげな様子が「もう切るものない？」という言葉から伝わってきます。一人ひとりの好きなこと、楽しいことに寄り添える保育を大事に保育者としてできることを精一杯していきたいと思います。

3

遊び込める環境（空間・時間）

事例 12　　今の遊びに必要な物は……

①電車が大好きなちなつくんは、屋上でタイヤを一列にたくさん並べ、端のひとつに入って遊んでいました。いつもなら、タイヤを一列に並べると、保育者の手を取ってその上を歩く遊びを始めるのですが、この日はタイヤの中に入っています。「何をやっているんだろう」とそっと見守っていると、「がたんごとん」とつぶやいて並べたタイヤを電車にみたて、電車の運転手になっていることに気がつきました。そのうちタイヤをつなげて遊ぶちなつくんに気がついた子どもたちが続々とタイヤの中に入り込み、この遊びに加わっていきました。反対の端に座ってもう1人の運転手になる子、自分だけの電車を作りたくて同じように他のタイヤを運び、並べる子や電車と運転手、お客さんで混雑する屋上になりました。タイヤを多く用意していたことでそれぞれがやりたい電車遊びが広がっていきました。翌日以降もタイヤで電車遊びが続くことを想定して、踏切にみたてられるもの（衝立）や駅になりそうなもの（バスマットや大型ブロック）などを用意して、それらを使った子どもの発想や展開、友だちとの関わりを楽しみにしているところです。

②ままごとコーナーではお家ごっこが大人気です。三角巾で帽子、おんぶひもで赤ちゃんを抱っこ、エプロンもつけて身支度にも大忙しです。それぞれがお母さんやお父さん役なので、クラスにお母さんやお父さんが複数人います。抱っことおんぶで二人の赤ちゃんをお世話する、バックに食べ物や絵本を入れて「スーパーでお買い物したの」とお買い物ごっこを楽しむ、病院に子どもを連れて行くことがわかれば、お医者さん役も新たにできるなど、自分の経験も取り入れながら一人で何役もこなしています。

保育のポイント　多様な視点で環境構成を

　　ままごとは、子どもたちが大好きな遊びの一つだと思いますが、子どもたちが今、この瞬間何に興味を示していて、どのような物があればもっと遊びが広がるのか、子どもの姿を追いながら心の動きを読み取ることに注力しています。どんな物が何個

53

第2章 遊びこむ満足感

必要か、平行遊びや一緒に遊ぶことで同時に何人も遊び始めるかもしれないことも考えながら環境を整えていきたいところです。また、遊びが広がった時のコーナーの広げ方、片付けやすい表示や場所のくふうも使いやすさにつながると感じています。また、用意する素材や材料は、出来上がっているものもあれば、それを使って見立てられるものも用意するなど、遊びの変化が楽しめる物を選ぶことによって、子どもが自分で考えくふうして夢中になって遊べるように用意しています。ただし、こんな遊びになるのではないかと想定したものが、まったく使われないこともあるので、そんな時は一緒に遊んで使い方を知らせることもあります（既成のままごと玩具の他、小さな紙袋、丸めた毛糸、小袋、子どもたちの作った人形、人形を入れるポケットなども役立ちました）。

事例13　投げると危ないよ！

みかんの木製玩具が大好きで、これを使ったままごと遊びをしていたげんすけくんでしたが、ある日、このみかんを床に落とした際に、丸いことからよく転がることに気づきま

3　遊び込める環境（空間・時間）

した。それからみかんを持つと投げるようになり、その音も聞きながら、いろいろなところへ転がっていく様子を見るのが楽しくなっていきました。材質が木であるため、投げると危ないことを伝えましたが、楽しくて何度も繰り返し、やめることができません。

　そこで、広いスペースのあるホールでダイナミックな運動遊びに誘い、部屋ではじっくり遊びたい子どもが静かに遊べるよう分かれて遊ぶ時間を確保できるようにしました。ところが、部屋に戻るといつでも手に取れる場所にみかんがあり、やめるように促してもその場だけでまた繰り返すことから、保育者間の話し合いで、危ないから『みかんをしまう』という選択肢も検討にあがりました。しかし、他の子もみかんの玩具で遊んでいる様子もあり、他の遊びに置き換えられないか考えることにしました。そこで、壁面にボールコースターを作ると、げんすけくんは喜んで遊ぶようになり、そこからはみかんを投げることが減っていきました。

保育のポイント　子どもへの理解を深めて代替案を考える

　子どもが求めている遊び、何をやりたいのか、その遊びの楽しみはどこにあるのかを探ることで、同じ内容でより危険のない遊びに置き換えることができました。私たち保育者は、危険なことはすぐにやめさせようと声をかけることが多くなりますが、なぜその遊びをしているのかを考えることで、遊びを取り上げるのではなく、代替案を提示することで、子どものやりたい遊びに理解を示すことができるのだと思います。また、保育者間で意見が分かれた際には、お互いが歩み寄れる選択肢がたくさん思い浮かべられるように、柔軟な考え方を持てるようになりたいと考えています。

事例 14　　これが終わってから

　食事の時間が近づいたので「片付けの時間だね〜」と保育者が促すと、ブロックを手にして、「やだ〜もっと遊ぶ」とかのんちゃん。他の子どもたちは、ご飯を食べようと片付け始めましたが、かのんちゃんは片付ける様子がありません。最後に残ったブロックに気がついた友だちがかのんちゃんのおもちゃの片付けを手伝おうとすると、プンプン怒り始めました。保育者がブロックをかのんちゃんの元に戻して「自分で片付けたかったよね」「ごはん一緒に食べようよ」「オムツ濡れてないかな？　トイレ行ってみる？」など、話しかけてみましたが、遊んでいたおもちゃを片付けられたことに対する怒りで気持ちがなかなか収まらない様子で、怒ったまま食事を始めました。

第2章　遊びこむ満足感

> **保育のポイント　子どもの思う時間と大人の思う時間の違い**
>
> 　保育者は、『片付けの後は排泄をすませ、着替えをして、手を洗い、昼食を食べ、午睡をして……』と、その日の流れを考えて、『今〇〇をしなければ』と片付けのことばかりを気にしていました。かのんちゃんは楽しく遊んでいたところで急に言われた『お片付け』に対して、「私はまだ遊んでいるのに」という思いで、「やだ〜もっと遊びたいんだ」という気持ちだったのでしょう。
> 　時間の感じ方は、子ども一人ひとりで違うはずでしたが、クラス全体に「片付けの時間」と一斉に声かけしたことで、かのんちゃんが何かを作ろうとブロックで楽しく遊んでいた気持ちも、友だちが片付いていないところを手伝ってあげようとした気持ちも大切にできなかったこと、イヤな気持ちをうまく切り替えることができず、楽しく食事ができなくなってしまったことを反省しました。子どもの感覚の中に、片付けの時間・お昼寝の時間といった時間の概念を求めることは難しいことです。大人の都合に当てはめるのではなく、子どもの様子に合わせてゆとりをもって対応していきたいと思います。

　後日談：クラス全体へ一斉に声かけをして食事が運ばれることを知らせるのではなく、遊んでいる子の側に行って知らせるようにしました。かのんちゃんに声をかけると「やだ！　まだ遊ぶの」と言うので「いいよ、終わったら来てね」と声をかけました。他の子と手遊びしながら少し様子を見ていると、こちらをチラチラ見ています。保育士がかのんちゃんと目が合いうなずくと、にこっと笑い、自分で片付けて絵本を見に来ました。

3 遊び込める環境（空間・時間）

事例15　　**子どもと保育者が夢中になったとき**

　こころちゃんはうんていにぶら下がりたくて手を伸ばしていました。はしご部分で背伸びをし、片手で支柱を握りながら、もう片方の手をうんていの一段目を目指して一生懸命に伸ばしています。不安定な体勢の中でもう少しで手が届きそうなのですが、なかなか届きません。その様子を見ていた保育者は手を貸すのではなく側で見守ることにしました。不安定さの中で頑張る姿勢を見守り、もし落ちそうになってもすぐに助けられるように内心ドキドキしながら見守っていました。そんな中、他の保育者は、こころちゃんと側についた保育者を見て、子どもの思いと保育者の思いを感じ取り、満足できるまで行えるように、他の子どもたちがその場に行かないように配慮しました。一週間チャレンジは続き、ついに達成することができました。こころちゃんと見守り続けた保育者だけでなく、他の保育者も一緒に喜びました。

保育のポイント　職員間のチームワーク

　子どもの挑戦したい思いに気づいた保育者と、双方の思いに気づいたもう一人の保育者、お互いに声を掛け合わずとも思いを感じ取り、『あとの保育は、私に任せて』とチームワークよく保育がされていた事例です。すぐに、子どもに手を貸すのではなく、その先を見通したうえで、どのように配慮すれば子どもが達成感を得られるのか、そのために何が必要かを考え関わったことで、子どもと保育者が同じ一つのことに夢中になった出来事でした。

　子どもの気持ちを大切にした援助の仕方やそれを支える保育者間の共通の思いは、日頃のコミュニケーションから培われていくことを実感しています。保育者それぞれには保育観の違いはあると思いますが、子どものさまざまな姿や成長を保育者間で確認し合い、チームとして子どもを見守っていけたらと願います。

第2章　遊びこむ満足感

事例16　　耳を落としたワンちゃんはいないですか〜

　散歩先の公園で木の実や石、葉っぱを拾って遊んでいた時のことです。1枚の葉を手にして「葉っぱに毛が生えている」ことに気がつき、みんなが集まってきました。「なんで毛が生えているのかな？」「葉っぱじゃないのかも！」「犬の耳かも？」「え〜、じゃあ、わんちゃん耳探してるかも！」ということで、散歩の帰り道は、耳を落としてしまった犬がいないか、犬と出会えば、その犬に耳が付いているかを確認し、耳のない犬を探しながら帰ってきました。

保育のポイント　子どもの発想に寄り添い、大人も一緒になって楽しもう

　「葉っぱに毛が生えている」という子どもの気づきを見逃さずに受け入れたことで、子どもたちの間でどんどん想像が膨らんでいった会話から、帰り道がワクワクするようなイメージへと発展させていくことができました。また子どもの問いにすぐに答えるのではなく疑問に寄り添うことも子どもの豊かなイメージの膨らみにつながっていきました。

4
満足を支える大人たち

事例 17　　　　そうじゃないの！

　けんたくんにはちょっとしたこだわりがあります。お昼寝に使うタオル、洋服等々。
　そんなけんたくんが、散歩に出かける時のことです。帽子を準備していたところ、「野球がいいの！」と言い始めました。最初にこの言葉を聞いた時には、何を言っているのか保育者は理解できず、「野球がいいの？」と、とりあえず、けんたくんの言葉を繰り返すことで共感することになるのではないかと思っていました。
　しかし、帽子をかぶろうとしていたので手伝うと、怒り始め、「ちがうの‼」と帽子を外して泣き出してしまいました。泣きながら帽子を保育者に差し出し、「野球がいいの〜」と訴えます。『野球がいいの』とはどういう意味なのか？　困りながらも一生懸命考えました。しばらく考えると、もしかしたら帽子のかぶり方ではないか、『野球選手のように

かぶりたい』ということではないかと気がつき、「野球選手みたいにする？」と聞くと「うん」とうなずいてくれました。ところが、ツバを前に向けかぶせると、泣き止むどころか「こうじゃない〜」とさらに怒って泣きだしました。これではないのか……。そこで今度はキャッチャーをイメージして、ツバを後ろにしてかぶせてみました。しかし、「これじゃない、野球の〜‼」と言ってまた帽子を外してしまいました。そこで、鏡の前に行き、自分で帽子を見てもらい、確認しながら本人に教えてもらおうと思い、ツバを前にして帽子をかぶせてみました。すると、「これがいいの〜」と、ようやく『野球がいい』という意味がわかり一件落着となりました。みんなを待たせてしまったけれど、泣き止んで散歩に出かけられました。

第2章　遊びこむ満足感

保育のポイント　大人の都合はいったん脇に置く

　子どもによって、こだわる物、こだわる時、こだわり方はさまざまです。その子が何にこだわっているのかは言葉ですべてを伝えることができないため、探っていくのは至難の技となることもあります。それでも対話を繰り返し、Ａ案・Ｂ案を出しながら、あの手この手で探っています。

　一緒に向き合ってくれる穏やかな大人の関わり方、時間、提案の数々を経て、気持ちに折り合いをつけるなど、気持ちの立て直し方も学んでいることを感じます。

　この事例では、散歩に早く出発しないと他の子を待たせることになる、という焦りから、「言うこと聞いて」とつい言いたくなります。余裕がなくなる時間でも急かしたり、大人の都合を押し付けず、大人が決めたい気持ちをグッとしまって子どもの気持ちを優先し関わっていくことの大切さを改めて感じました。

　２歳児がこだわる姿には、自分の「つもり」がはっきりしていることや「自分で決めたい」という思いが育っている時期にあると思います。伝わらなくて悲しくなることもあるかもしれませんが、わかってくれた時のうれしい気持ちが増えるよう、この時々の子どもの気持ちにしっかり共感していきたいと思います。

事例 18 　　　　　　　　　　**少しずつ少しずつ**

　感触遊びなど手足が汚れることに抵抗をもつ子どもが数人いました。そこで、まずは園庭を裸足で遊ぶことから始めることにしました。週に１回は誘うようにし、草木への水やり、ホースでの水撒きなど、きれいな水に触れることから始め、徐々に泥水への遊びに発展するよう繰り返し誘っていきました。そんな中、みずきちゃんは少しでも水がかからないようにと考え、常に端の方で遊んでいました。そのうちに、少しずつ砂場へと近づいてきて、シャベルやお玉などを使い、直接水や泥に触らなければ、砂場での遊びができるようになり、ごはん作りをしたり、ジュース屋さんごっこなどを楽しむことができるようになりました。こうしてゆっくり時間をかけて触れていくうちに、徐々に水遊び、泥遊びが好きになってきたようです。ある日、ホースで雨を降らし全身が濡れるダイナミックな水遊びも保育者や友だちが笑っている声やその様子を見て、みずきちゃんもやってみたい！と思ったようです。ホースの側までやってきました。そーっと手を伸ばして水に触れたとたん、水の勢いで頭からビショビショになってしまいました。顔にも水しぶきがかかり、驚いた様子はありましたが、それでも楽しさが勝り、笑顔で遊び続けることができました。

60

4 満足を支える大人たち

保育のポイント　その子が楽しいと感じる関わり方を見極める

　抵抗がある遊びを、無理に経験させず日々遊びをくふうし、子ども自身が「やってみたい」と、興味を向けるまで待つように見守っていきました。ダイナミックに遊ぶだけが水遊びではなく、働きかけ方を変えながら見守る中で、その子が楽しいと感じる水や泥への関わり方や、何がイヤなのかを観察し感じ取るように努めました。

　感触遊びの面白さは、大人や周りの友だちが"楽しい〜"ことを表現している姿を見て感じる中で、誘い、一緒に遊んでいくことが大切です。「楽しそう」「面白そう」と感じ、「やってみたい」という気持ちにつなげていきます。

　見ているだけではなく、手を出したい、言葉をかけたい気持ちを我慢して、ちょうどよいタイミグを見計らうことも忘れないようにしたいと思います。

事例 19　　　いいこと考えた！

　保育者がバケツの中で、石鹸を業務用の大きな泡だて器で泡だてているのを見て興味津々なりんちゃん。「私もやる」と、保育者から借りて泡だて器を回し始めました。ところが大きい泡だて器は、思うように動かせません。四苦八苦しながら、タライの水にも石鹸を入れて、保育者が水面をたたいて泡だてようとする様子をジッと見ていました。その後、あたりを見回しています。そして、「そうだ、いいこと考えた！」とひしゃくを持ってきて、タライ全体をぐるぐるかき混ぜ始めましたが、保育者のようには泡はできませんでした。それでもあきらめず根気強く回し続けています。水面をたたくような保育者の動きも真似ながら、泡をたてるという遊びに興味を持ち、しばらく続けていました。大きな泡

第2章　遊びこむ満足感

だて器も保育園で初めて経験しました。私もやりたい！　保育者に協力したい！　泡だてを成功させたい！　大きなタライでも泡をたてたい！　どうしたら泡ができるのだろう？という気持ちが読み取れたので、泡だて器で一緒に泡を作り、泡遊びの後には、自分の洋服の洗濯までを楽しみました。

保育のポイント　うまくいかない体験も大切に

　タライでは子どもがやってもなかなか泡がたたないことで、保育者のやり方を見ながら、いい方法がひらめいたようでした。すぐに泡ができる達成感を与えたくなりがちですが、泡ができなかった時の体験を大切にし、やりたいと思ったことができるようにと関わりを考えました。

　この泡遊び後、休日に保護者が泡だて器を使ったお菓子作りを、りんちゃんと一緒にしたエピソードが連絡帳に書かれていました。家では、電動の泡だて器を使ったようですが、同じ泡を作るにもいろいろな道具や方法があることを知ったことでしょう。たくさんの経験が子どもの育ちを豊かにすることを感じ、保育での遊びも同じように考えていきたいと思った出来事でした。

事例20　保護者も一緒に子どもの気持ちに寄り添ってくれた

　2歳児クラスの保育者間で、年度始めに共有した内容を、保護者にも保育のねらいと共にかんたんな文章で伝えたいと考え、保護者会を行ないました。2歳児の特徴と共に短い言葉、覚えやすい言葉を考えてみました。
・(例)「う〜んとのびのびすくすくあるがままに」…のびのびと安心して過ごす。すくすくと、いろいろな経験をして成長する。あるがままに自分を思い切り出そう。
・(例)「いやいやトンネル一緒に抜けよう！」…トンネルを抜けるとそこには3歳！　大

切にされた安心感と信じてもらえている肯定感。大きくなった喜びが待っているよ。

・（例）「K（こだわり）　K（興味）　T（探索）」〜３つの力で育つ〜

などが、出されました。

　次の事例は、「K（こだわり）　K（興味）　T（探索）」〜３つの力で育つ〜という内容で保護者会を行った後の出来事です。

　「パジャマで登園したかった」「引きずってでも持って帰りたい物がある」「まだ、テレビが見たかった」「公園に行きたかった」など、いろいろな主張がある２歳児に保護者も大変そうでしたが、保護者から「でも、KKTでちゃんと育ってるってことなら仕方ないですよね」と自ら納得されるケースが多かったように思います。相談があった際もKKTの話をすることで、「これを経験して大きくなれるんですよね！　頑張ります！」と前向きな言葉が保護者から返ってきました。

　12月にこども劇場という行事がありました。大好きな歌と踊りを披露するコンサートタイプの劇ごっこでしたが、３名がどうしてもステージに立ちたくないと言いました。やりたくないのか……。３人の子どもたちの気持ちを考えていた矢先のことです。３人のうちの一人が、「お客さんになりたい」と言うので、劇ごっこに参加する友だちを応援するお客さんになることを提案すると、すぐに受け入れてくれました。

　さっそく、応援グッズのうちわなどを保育者と一緒に作りました。保護者には事前に、今回は舞台に上がらないこと、保護者と観客席から参加することを伝えました。当日は「一番前の席当たったね」「楽しみー」とセリフを言いながら着席し、声援も飛ばし、席から少し踊ったりもして楽しんでくれました。３名の保護者は、「日頃から本人のやりたくないことを無理強いせず、やりたいことをやりたいようにやらせてもらってありがとうございます。舞台に出た、出ないなんて関係なく感動しました」「家庭でも同じようにしてあげたい、楽しく過ごして欲しいし、親も楽しみたいです」と、感想をいただきました。年度末最後の保護者会では、「イヤイヤ期とはいえ、そんなに大変じゃなかった」という声が上がりうれしく思いました。

保育のポイント　先を見通したうえで今を伝える

　日頃から、保護者と気がねなく話せる関係を構築するよう努め、保護者会では、わかりやすく想像できるように１年間の子どもたちの様子を伝え、その後の姿も伝えることで、先を見通した関わりができることを実感した１年でした。子どものその時々の気持ちに、保育者も悩むことはありますが、子どもの気持ちを伝えながら、保育者の関わりを経て、今の子どもの姿を見てもらうことも大切だと感じました。

第 2 章　遊びこむ満足感

★保護者と保育者で「困った」を解決！

保護者会で出された 2 つのエピソードから

子どものこだわり、大人の困った

① 「自分で」と言って自分でやろうとするが、時間がかかる。
　　例：着替え、仕度、帰りたくないなど

② この服が好き、他の服はいやだ。汚れていてもいいの。着替えたくない。お気に入り
　　の服が洗濯で濡れていても着ようとする。

困ったときに楽しむ Idea

〜こんな方法いかがでしょう〜
・ゲームにしてしまう → お母さんとどっちが早くできるかな？
・手伝ってくれる？ → 「いいよ。できるよ」→「たすかるわ〜」やってあげたい気持ち
　に投げかける。
・どっちがいい？ → 自分で選んでもらう。

〜こんな声もありました〜
・気持ちよく過ごすのを優先して、好みにあわせてあげると落ち着くと思う。
・洋服が選べるように予備の洋服を多めに用意しておく。
・「手伝って」は家でも効果がありそう。
・他の家庭でも同じ姿があると聞いて安心した。

Idea を試してみて

・一緒に買い物に行き服選びを楽しんでいる。
・日々買い物感覚で「どれにしようかな」と服選びを楽しみ、着替えも楽しくなってきた。
・徐々にこれしかないならしかたないと納得してくれるようになった。（3歳以降）

64

第3章

人と人との関わり

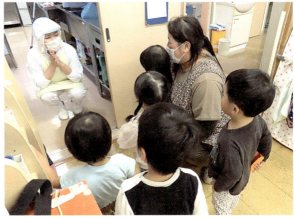

2歳児になると、周りの人への関心がさらに高まり、関わる姿が見られてきます。この章では「子ども同士の関係」「保育者と子ども」「2歳児を取り巻く大人同士の関わり」と、この頃の人と関わろうとする姿などを見ていきます。また、エピソードを通して、人と関わろうとする子どもの心の動きや思いなどを考察し、大人の関わり方や子どもを観る視点なども一緒に考えていきます。

1
互いに関わっていく子どもたち

　1歳児頃は保育者に十分、心も体も受け止めてもらいながら安心した中で少しずつ周りの子の存在も意識し保育者を仲立ちとして平行遊びの姿なども出てきていました。そして、2歳児頃になると、遊びの幅も広がり、言葉も多く出るようになり、自分から人と関わりながら過ごそうとする姿が増えていきます。保育園で一緒に過ごしながら、『あの子楽しそうにブロックしているな〜』『あの子泣いているな〜』と、自分の周りの子に興味、関心を持ち、関わろうとします

　人との関わり方の育ちに合わせ、関係性や関わり方が変化していく様子を、『気になる子』『気の合う子』という同年齢の関わりの姿、また、自分より小さい子、おにいさん、おねえさんなど異年齢児との関わりを通して見ていきたいと思います。

① 気になる子との関わり

> **事例1**　　　　　**はるみちゃんと遊びたい**

　とうこちゃんは、いつもはるみちゃんが持っているおもちゃを欲しがっていました。しばらく保育者と待った後、譲ってもらうとうれしそうに受け取るのですが、次の遊びに移っていったはるみちゃんのすることのほうをチラチラ見ていて、手元の「今受け取ったおもちゃ」からは気がそれています。そしてはるみちゃんが次に組み始めたブロックを「あれがいい」と指差すのです。「同じの作ってみようか、ここにはめているみたいだよ」「はるみちゃんはこの色を使ってるみたい」と言いながら保育者が一緒に作ると、とうこちゃん

66

はうれしそうにしていましたが、しばらくして、はるみちゃんがままごとコーナーに移ると、そのブロックを勢いよく箱に戻し、その後、とうこちゃんもままごとコーナーに移り、はるみちゃんの手にするコップやお皿などを先に取ろうと手を伸ばします。

　保育者は二人の間に入り、一緒に作ったり乾杯したりして楽しめるように仲立ちしましたが、とうこちゃんはごっこ遊びに乗り気ではなく、はるみちゃんが使うものやすることを追いかけ、先回りして取ろうとしていました。はるみちゃんも「やめて！」とイヤがっていました。

　そして、とうこちゃんは散歩の時もはるみちゃんと手をつなぎたがっていました。とうこちゃんの勢いがちょっとイヤなはるみちゃんは、手を後ろに隠して、つなぎたくないと意思表示をしていました。とうこちゃんは、どうしてもはるみちゃんとつなぎたいと泣き出しました。「とうこちゃんは、はるみちゃんが好きなんだね」と、保育者がつぶやくと、はるみちゃんは無言で後ろに隠していた手を出し、とうこちゃんと手をつないで歩き始めました。

　園庭や公園で追いかけっこをする時は、手に持っている物が何もないせいか、とうこちゃんもはるみちゃんと自然に「きゃー！」と、声をあげて笑い合っています。ところが、部屋に戻ってはるみちゃんが何か玩具を手にすると、とうこちゃんはまたそれに手を伸ばすので、はるみちゃんもだんだん身構えるようになりました。「とうこちゃんははるみちゃんが好きだから、はるみちゃんの持っている物が欲しくなっちゃうのかな」と、つぶやくと口をとがらせつつも「ふーん……」と聞いていたはるみちゃんでした。

　この後もとうこちゃんは、はるみちゃんが使う物ばかりが欲しくなる姿が続きましたが、1か月ほど経った頃には、その姿もだんだんと少なくなっていきました。

保育のポイント　一緒に遊びたい気持ちを大切にしたい

　とうこちゃんは、はるみちゃんのことが気になり、なぜかはるみちゃんが持っている「物」を欲しがることでその気持ちを表しているようでした。散歩や追いかけっこの時は自然にはるみちゃんと関わっていて、手をつないだり一緒に走ったりするのが本当に楽しそうです。しかし、玩具や物を使った遊びになると、とうこちゃんはひたすらはるみちゃんが持っているものに興味を持ってしまうようです。保育者同士で「はるみちゃんにとうこちゃんの気持ちが伝わるようにしたいね」と話し合いました。とうこちゃんが次つぎと欲しがって追いかけてしまう場面ではさりげなく場所を分け、追いかけっこや体を動かす遊びの時には一緒に楽しむように心がけることで、とうこちゃんとはるみちゃんのうれしい体験が重なるようにしていきました。

第3章　人と人との関わり

> はるみちゃんの持っている同じ物が持ちたいという時期は長くは続かず、だんだん一緒に遊ぶことが楽しくなっていったようです。何か大きなきっかけがあったわけではなく、ふと気づくと自然に一緒に遊ぶ姿が多くなっていました。「気になる子」への気持ちの表現も変化していくのでしょう。

② 気になる子から気の合う子へと変わる関わり

事例2　　**汽車で遊ぶなら一緒がいい**

　2歳児クラスは人数が多く、高月齢児と低月齢児に部屋を区切って過ごしていました。2歳児クラスから入ったなつきくんとあきおくんは高月齢児で4月から同じスペースで過ごしていました。あきおくんはみんながいるところに行くことを好んでいました。一方でなつきくんはマイペースに一人で遊ぶことが好きでした。

　夏が過ぎ新入園児が落ち着いてきた頃、高月齢児と低月齢児との区切りをなくしたのですが、その時は高月齢児にはブロックが人気で低月齢児は汽車が人気でした。あきおくんは相変わらずブロックが好きで登園するとすぐにブロックで遊んでいましたが、なつきくんはトーマスが好きになったこともあり、低月齢児と同じ場所で、連結汽車で遊ぶようになりました。毎日のように連結汽車で遊んでいたなつきくんは、はじめは保育者と一緒につなげて遊んでいましたが、日に日に保育者が手伝うこともなくなり、複雑な線路ができるようになりました。

どんどん大きな線路になっていくと、今まであまり興味を示さなかった子も汽車で遊ぶようになってきました。その中であきおくんが「い～れ～て」と、聞いていました。でも、なつきくんは「だ～め～よ」と、答えていました。『だめ』と言われてしまったあきおくんに保育者が線路をつなげてあげようとしましたが、それはイヤでなつきくんの線路の横に座り、遊んでいるのを見ていました。すると、しばらくしてなつきくんが「い～い～よ～」と言い、あきおくんも同じ線路で遊び始めました。

時々、汽車の走らせる方向が逆になり、何度も汽車がぶつかってしまうなど、思うように走らせることができないながらも、楽しそうに遊んでいました。その後もあきおくんが「い～れ～て」と言い、なつきくんは「だ～め～よ～」と言うものの、すぐに「い～い～よ～」のワンセットのかけあいがあり、なつきくんとあきおくんは毎日のように汽車で遊ぶようになりました。

ある日、あきおくんが「なつきくんは？」と、登園が遅いなつきくんのことを保育者に聞きながら部屋の入り口で待っていました。なつきくんが登園してくると、あきおくんはなつきくんが「いれて」と言う前から「だ～め～よ」と笑い、すぐに「い～い～よ」と言っていました。なつきくんは登園が遅かったことと、いつもとリズムが異なったことでなかなか遊びだせずにいました。あきおくんは保育者のつなげた線路で遊び始めました。すると、なつきくんがその中に入り汽車で遊び始めました。あきおくんはなつきくんと一緒に遊ぶことが楽しいようで、受け入れて遊んでいました。なつきくんの気分も少しずつ晴れ、保育者のつなげた線路を複雑なものにしていき、2人で楽しんでいました。その後、食事テーブルの席替えをしたときには、同じテーブルになり、連結汽車以外の遊びでも同じ場所にいることが増えました。

保育のポイント　「い～れ～て」「だ～め～よ」は合い言葉？

　お互いの遊びを気にすることなく自分の遊びを楽しむ時期から、次第に周りを見ることができるようになり、『気になる存在』になっていったようです。そして、好きな遊びを通して少しずつ関わり方を覚え、「い～れ～て」が言えるようになり、言葉での関わり方も経験していきました。

　保育者や保護者は2歳児頃によく聞かれる「いれて」「いいよ」「いれて」「だめよ」を「言葉」だけでとらえてしまいます。一方、子どもたちは「言葉」にとらわれず、相手の表情、雰囲気などさまざまなものを感じ取りながらやりとりをし、関わろうとします。遊びや日々の生活の中で、『気になる子』を意識し始め、一緒に遊んでいきながら、自分の気持ちを出し合うことで「この子と一緒に遊ぶと楽しい！うれしい！」という思いが積み重なり、『気の合う子』になっていくのでしょう。

第 3 章　人と人との関わり

③　気の合う子と気になる子の関わり

事例3　　自分のものは貸せないけれど……どうしよう

　月齢の近いこうきくんとさとこちゃんは、0歳児クラスの頃から一緒に遊んだり、着替えをする時など、たくさんの時間を共に過ごしてきました。最近では、自由に遊んでいる時でも、自然に同じ場所で遊び始めることが増えています。
　ある日、2人は牛乳パックで作った大型積み木を重ねてお家を作っていました。一緒の空間に入りながらも、積み木の積み方や空間の取り方にそれぞれの思いがあり、「こうじゃない」と、こうきくんが積みなおすと「こうだった」と、さとこちゃんが戻したり、さとこちゃんが空間を広げようと積み木に触ると「それはこうきくんの（僕がもってきた積み木）だった！」と主張しながら保育者の見守る中で遊んでいました。
　ある日、こうきくんが「お出かけにいくよ！」と、ごっこ遊びを始め、バッグに『ジュースとお弁当と……』と、考えながら入れ始めていました。さとこちゃんはこうきくんと同じバッグを持ってきてお弁当を入れ、緑色のジュースを入れようとした瞬間、いつものジュース置き場に緑色のジュースがないことに気づきました。
　すると、さとこちゃんは大きな声で「ない〜！」と、泣き出してしまいました。こうきくんはそれを聞いてさとこちゃんの元に駆け寄り、「ないの？」と声をかけていました。こうきくんはジュースの置き場に見に行くのですが、ジュースが見当たらず周りを見渡していました。大きな声で泣き続けるさとこちゃんに困った様子でした。こうきくんは自分の緑色のジュースはバッグに入れたままさとこちゃんの様子を見たり、周りに緑色のジュースがないかをきょろきょろと探したりしていました。

1　互いに関わっていく子どもたち

　すると、こうきくんは少しして離れた場所で遊んでいたりょうくんの所に緑色のジュースを見つけました。りょうくんは気に入ったさまざまな種類の玩具を持ってきては自分の周りに置き、気に入ったものでスペースをつくり、それらの玩具で遊びながら周りを見ていたようです。

　こうきくんが「これちょうだい」というと、りょうくんは、こうきくんが指さした緑色のジュースを黙って見ていました。りょうくんはさとこちゃんが自分の持っている緑色のジュースを欲しがっていることも、それが理由で泣き止めないでいることもわかっていた様子でした。少し考えて「はい」と緑色のジュースをこうきくんに渡していました。

　こうきくんは「ありがとう」とジュースを受け取り、うれしそうにさとこちゃんに渡すと、さとこちゃんの泣きはピタッと止まりました。さとこちゃんは、ちらっとりょうくんを見てから黙ってこうきくんからジュースを受け取ると、そのまま何事もなかったかのようにこうきくんとさとこちゃんのお出かけごっこは続いていました。

> ### 保育のポイント　子どもたちなりに様子を見ている
>
> 　りょうくんはこうきくん、さとこちゃんの姿を見ているだけでなく、同じ物を探しているこうきくんの姿も見ており、周囲の状況を見ながら過ごしていることがわかります。また、こうきくんの姿からは、自分の物は近くに置いておきたいという思いもあり、2歳児なりの心の動きを感じ取れます。そしてさとこちゃんが最後に『ちらっとりょうくんを見た』という姿から、さとこちゃんもりょうくんやこうきくんと同様に心が揺れ動いていたのでしょう。三者三様の心の動きが2歳児らしい姿です。

④　気の合う子同士の関わり

事例4　　　　　　　　　**50㎝の距離感**

　1歳児クラスから入園したあおいくんとたけるくんは、どちらも低月齢で、誕生日も近い2人でした。クラスでは同じテーブルで食事をし、散歩では歩くペースも合っていたので、よく手をつないでいました。だんだんと他の時間も一緒に過ごす姿が多く見られるようになりました。2歳児クラスに進級した後も、食事の席は別々になりましたが、2人は変わらず一緒にいることが多く、気の合う関係になったようです。

　ある日、あおいくんがブロックで車を作っていました。でも、うまく組み立てられず、声を上げて泣き出してしまいました。しかし、このような場面で泣いてしまった時には、保

第3章　人と人との関わり

育者に抱っこされたり、慰められたりするより、思い切り泣くことで気持ちを落ち着かせたいのかなと、保育者はあおいくんの気持ちを察していたので、少しの間、様子を見守っていました。

　この頃、クラスの子どもたちは誰かが泣いていると、その子を気にかける様子を見せていたため、子どもたち同士の関わりも見守るようにしていました。ある子は頭をなでてあげたり、またある子はティッシュでサッと涙を拭いてあげたりして、それぞれの遊びに戻っていきました。それでもあおいくんは泣き止みません。保育者が、さぁ、どうしよう。そろそろあおいくんのところへ行こうかな〜と思った時に、たけるくんがあおいくんの近くに行きました。たけるくんは、50cmほど離れたところに、あおいくんと同じ方向を向いたままスッと座りました。あおいくんはたけるくんがそばに座った後も泣いていましたが、たけるくんはそのまま座り続けていました。保育者は2人の様子を見守ることにしました。すると、間もなくあおいくんは泣き止み、あおいくんが持っていたブロックで2人は遊び始めていました。

保育のポイント　2歳児ってすごい！

　いつも一緒にいるあおいくんとたけるくんの間には、「言葉に頼らない関係性」があったのではないでしょうか。子どもたちの様子を見ていると、『周りの保育者や保護者のことをよく見ている』というのがわかります。たけるくんは日ごろから保育者や保護者のあおいくんへの関わり方を見たり、生活を共にしたりする中であおいくんの気持ちを自分のことのように感じたのだと思います。そして、あえてあおいくんに声をかけず、視界をふさがない所に座ったのかもしれません。
　2歳児の子ども同士の関わりは、トラブルに発展することも少なくありません。

2 互いに関わっていく子どもたち

> 何かが起こる前に仲立ちすることも大切ですが、それで失われてしまう豊かな関わりもあります。保育者がそのことを意識し、子ども一人ひとりの性格や周りの子との関係性を理解して、「見守る保育」を心がけたことで見られた関わりだと感じました。

●「気になる子」から「気の合う子」への関わり方の変化

「月齢が近くて一緒に過ごすことが多い」「好きな遊びが似ている」「食事のテーブルが近い」などとさまざまな場面から子どもたちはクラスの子を意識し始めます。泣いている子がいると「あの子って？」と、自分の中で意識し始める存在になり、遊ぶ姿や生活する中でのさまざまな姿を見ていくことで、「気になる子」として意識が広がっていきます。そして、やがては「気の合う子」に発展していきます。

一方で、「気になる子」が必ずしも「気の合う子」になるわけでもなく「え？ この子とこの子が？ 意外！」とびっくりすることも起きたりするのが面白いところです。子どもたちは私たち保育者や保護者が見ている以上に日々、いろんな場面を切り取って観察したり、雰囲気を感じ取ったりしているのでしょう。思いもよらない子ども同士の組み合わせや遊びの場面から子どもの「人との関わり」の育ちを感じることができます。

⑤異年齢児との関わり

2歳児になると、周囲の環境（人・物）に対する関心が増々高まり、視野も広がっていきます。自分でできることが増えていくことで、『おおきくなった！』と自分自身でも成長を感じ、『おにいさんおねえさん』を意識したいわゆる『背伸び』をした姿が見られるようになります。

また、年上のクラスの活動や行事などに取り組む姿に興味を示し、保育室やホールを覗き見たり、遊びを取り入れたりしようとします。保育園にはさまざまな年齢の子どもたちがいることを意識し始めた子どもたちの姿があります。

第3章　人と人との関わり

　2歳児クラスの子どもたちは、5歳児が毎日『人数調べボード』を持ち、担任に挨拶しながら人数調べ当番をする姿を見ていました。そんな年長児の姿を、子どもたちは自然と遊びの中に取り入れていました。絵本をボードにみたてて「おはようございます」「にんずうしらべにきました」「きょうはなんにんですか？」と、フレーズの真似をしていました。さらに、保育者が人数を書き込む姿までも真似をし、まるで、自分たちが年長児になったかのように振るまいながらごっこ遊びで楽しんでいました。

事例5　おねえちゃんがやってあげるね

　ゆうちゃんは0歳児の赤ちゃんが大好きでした。園庭に出て0歳児の子どもたちが遊びに出ていたのを見ると、うれしそうに駆け寄り関わることを喜んでいました。一緒に遊んでいた0歳児の子の鼻水が出ていることに気づくと、保育者に「はなみずでているよ」「ティッシュもってきてあげるよ」と、取りに行っていました。ティッシュを受け取った保育者がその0歳児の子の鼻を拭き、ゆうちゃんに「ありがとう」「きれいになったね」と声をかけると、とてもうれしそうな表情をしていました。すると、自分も鼻水が出ていることに気づき、「はなみずふいてくる」と自分で鼻を拭きに行っていました。

保育のポイント　やりたい気持ちとやってほしい気持ちの中で……

　ゆうちゃんは鼻水が出た時、最初は母親や保育者と一緒にティッシュで拭くことを繰り返して、自分でもできるようになりました。しかし、鼻水が出ていても、甘えたい気持ちから大人に拭いてもらおうとしたり、遊びたい気持ちが先行してしまったりすることがありました。心の中では揺れ動いていたようです。ゆうちゃんは大好きな年下の子どもたちとの関わりを通して、自分の行動を保育者に認めてもらい、自分の姿にも気づき、「鼻水を拭こう」という行動につながりました。子どもの気持ちや姿に寄り添った言葉がけや援助が、子どもの意欲に大きな影響を与えることを実感しました。

2
保育者と子どものいい関係

　2歳児クラスに進級すると、自分でしてみようとする姿が見られるようにもなります。「ジブンデ！」と、自分の世界をもち始めますが、困ったこと、不安な気持ちなどまだ自分ではどうしようもないことがあると、一番安心できる保育者のそばに駆け寄ってきたり、泣いて自分の居場所、存在、気持ちを知らせたりしています。保育園で過ごすということは、保護者以外と関わることができる、子どもたちにとっての初めての「社会」を感じる場所です。そんな中で、保育者がどのように子どもの気持ちを受け止めていき、心地よい人との関わりにつなげ、広げられるか、エピソードを通して見ていきます。

事例6　　**先生も泣きたくなってきたよ**

　ようこちゃんは甘えん坊ですが、人見知りな一面もあり、あえて近寄らず、様子を見守ることにしました。しかし、遊びの時間になると、追いかけっこを通じて楽しく一緒に過ごすことができるようになり、少しずつ「慣れてくれたかな？」と期待するようになりました。そんな矢先、午睡の時間にある出来事が起きました。他の保育者は休憩に行き、私は一人で午睡当番をしていました。すると、ようこちゃんが目覚め、周りを見渡し、私しかいないことに気づくと「ぎゃ〜」と、大泣きをし始めました。声をかけ、そばについ

第3章　人と人との関わり

　トントンしても、すればするほど火がついたようにようこちゃんは泣き続けました。その様子に他の保育者が来てくれて、どうにか泣きは止まりました。しかし、その後もようこちゃんの泣きが3、4日続き、一人で午睡当番をすることが心配になっていました。

　そんなある日、いつものようにようこちゃんが泣き出しました。私は泣き出すようこちゃんのそばにつき、思わず「先生も泣きたくなってきたよ」とこぼすと、『えっ!?』と、いう表情で私を見つめると、泣きが止まりました。そして、「せんせいもママがいなくてさびしいの?」と、ようこちゃんが話しかけてきました。「ようこちゃんはママがいなくて泣いていたんだ。ごめんね。先生気がつかなかったよ」と、話すと「おんなじだね」と、笑顔を見せてくれたのです。休憩から戻った他の保育者たちも「何があったの?」と不思議がっていました。

　その後、今までのことが嘘だったかのように「先生〜」と抱っこを求められたり、お昼寝の時に「先生来て〜」と呼ばれたりと、ようこちゃんとの関係が変わっていきました。

保育のポイント　保育者の素直な “つぶやき”

　子どもをどうにかして『泣き止ませないと！』と、必死になってしまい、子どもの本当の思いが置き去りになっていました。保育者が一生懸命になればなるほど、思いが届かず、すれ違い、子どもとの関係がうまくいかなくなってしまうこともあります。

　保育者がようこちゃんと関係を築けたと思っていても、ようこちゃんにとってはまだ「安心できる人」という存在ではなかったのかもしれません。保育者の素直な“つぶやき”が子どもの心に届き、子どもの心の声（本当の気持ち）を引き出すことができたのだと思います。

事例7　安心できる先生

　私が2歳児クラスに応援に入った時のことです。トイレに行くと何人かはいつものようにトイレに座っていましたが、まさとくんはトイレの入口でモジモジしていました。

　私が「おいでー」と、声をかけても「やだ」と、なかなかトイレの入口から中に入ろうとしませんでした。すると担任がトイレの様子を見にきました。今まで「やだ」と言っていたまさとくんが、すぐにトイレの中に入り、便座に座りました。

　私はまさとくんに「みちこ先生（担任保育者）と一緒にトイレに行きたかったんだね。座るの上手だね」と声をかけると、まさとくんはにっこり笑顔を見せてくれました。まるで、『そうだよ、みちこ先生がよかったんだよ』と言っているかのような笑顔でした。

2 保育者と子どものいい関係

保育のポイント　子どもを尊重する行為とは

　保育者が、まさとくんの「やだ」という言葉や、担任が来たときの表情から気持ちを読みとり尊重したことで、まさとくんは安心してトイレに行くことができました。子どもに「〇〇させること」より、表情や仕草といったサインからその気持ちを理解し、尊重することを大切にしたいと思います。日々の保育の中で、子どもを一人の権利主体としてていねいに向き合い、コミュニケーションを深めていくことで、保育者と子どものいい関係が築かれていくのでしょう。

事例8　　　　**ママ　私もできたよ**

　クラスではハサミを使って短冊状に切った画用紙や広告紙を切る活動が取り入れられていました。さとみちゃんも「チョキチョキやる〜」とはりきって椅子に座っていましたが、まだハサミをうまく開けず、何度やっても切れず手でちぎっていました。保育者に手伝ってもらっても、すぐにやめてしまうことが半年ほど続いていました。

　2月頃になると、他の子が「直線切り」ができるようになり、さとみちゃんも「やりたい」とはりきって椅子に座りましたが、紙をもて余していました。そこで保育者が短冊状の紙を用意し、「こっちもやっていいよ？」と知らせました。さとみちゃんは短冊状の紙を手に取り、切ろうとしましたが、紙の持ち方が安定せず、保育者が紙の持ち方やハサミの向きを確認しました。「チョキ！」と言いながらハサミを紙に入れると、その瞬間に一回切りができました。保育者が驚くと、さとみちゃんは再びハサミを紙に入れ、「できてるよ、そうそう！」と声をかけると、指に力を入れてハサミを開き、切ろうとしました。保育者

77

が紙をずらすと次つぎに切ることができ、「上手！　いいよ〜」と声をかけると、さとみちゃんはうれしそうにハサミを動かし続けました。「ママくる？　ママくる？」と保育者に聞き、「ママくるよ〜。ママにできたって言おうね〜」と言うと、紙を切りながら「ママくる？」と繰り返しました。夕方、さとみちゃんのお母さんがお迎えに来た時、保育者はさとみちゃんがハサミを使って一回切りができたことを伝えました。さとみちゃんはお母さんの足の後ろに隠れ、ニコニコしながら照れた表情でお母さんと保育者を交互に見ていました。お母さんが「できたね〜」と声をかけると、さとみちゃんはお母さんの足をつかみながら周りをまわって喜んでいました。

●子どもと保育者とのよりよい関係作りが、人とのつながりの第一歩

　2歳児は言葉を多く使い始めますが、複雑な感情を言葉で表現することはまだ十分にできません。子どもたちは限られた言葉で懸命に感情を伝えようとします。この時期、保育者は「子どもの感情と言葉をつなぐ」重要な役割を担っています。

　そのため、保育者は日々の関わりの中で子どもの言葉や表情、体の動きからその子の心の動きを読み取り、言葉にしてその子に尋ねます。合っていないと「ちがう」と返ってきますので、保育者の洞察力とその子に伝わる言葉を持っているかどうかが試されます。何度も言葉に置き換えながら尋ね、「そうだよ」と言ってくれる関係もまた、子どもにとっても保育者にとってもうれしい時間であり、関係をつくる大事なひと時だと思います。

　2歳児が人との関わりを広く持ち始めるこの時期に、子ども一人ひとりが尊重され、「わたしは大事にされている」と感じられているかが最も大事なことであるように思います。そのうえで、子どもは周囲の人と関わることの喜びやうれしさを感じ、自分の思いをしっかり伝えられるようになるのではないでしょうか。

3
保育者の連携

「連携をとる」という言葉を聞きますが、保育園にはさまざまな年齢の保育者、さまざまな職種の人もいます。連携と一言でいっても、クラス担任同士の連携、他のクラスとの連携、乳児・幼児ブロックごとの連携、職種間の連携などさまざまあります。ここでは、人との関わりが広がる2歳児期にとって大切にしたい連携について考えます。

① 園内職員の連携

> **事例9**　　　　　**クラスから園全体へつなげる**

　やすひろくんは1歳児クラスで入園し、とても元気で活発な子でしたが、転びやすく、段差がない場所でもつまずいて転ぶことが多く見られました。また、どこでも登ってしまうなどの行動もありました。やすひろくんを「元気な子、活発な子」と理解するだけでは不十分ではないかと感じ、1歳児クラスでの様子を詳しく知るために、持ち上がりの保育者に遊びや生活の様子を尋ね、やすひろくんをより深く理解しようと努めました。しかし、なお疑問が残り、1歳児クラスを担任していた他の保育者にも、やすひろくんの好きな遊びや喜ぶこと、保育者や保護者との関係などを詳しく聞きました。

　ある日、ままごとコーナーの段差に登っていたやすひろくんを「おりようね」と抱きかかえておろすと、私に笑顔を見せました。やすひろくんは、そこに登ってはいけないことを理解しているうえで、甘えたい気持ちで行動しているのではないかと考えました。そして、1歳児クラスで担任していたベテラン保育者が「とても甘えん坊なんだよね」と話していたことを思い出しました。

　その後、やすひろくんと積極的に遊ぶことを心がけると、半月ほどで棚に登る行動が見られなくなりました。さらに、転びやすい原因は、うれしさを体全体で表現するために歩くスピードが速くなり、足がうまく上がらずにつまずいていたことにあると気づきました。保育の時間が長いこともあり、職員会議でやすひろくんの様子を共有しました。やはり他の職員も、当番時にやすひろくんのやんちゃな一面に困っているようでした。

　また、降園時にはお母さんより早く玄関まで一人で走って行ってしまうこともあることを、園長や主任が教えてくれました。クラスの担任が日中しっかりとやすひろくんを見守

第3章　人と人との関わり

り、当番時には他の職員もやすひろくんの気持ちに寄り添い、玄関では転倒などの事故が
ないように注意を払うことで、職員全体で連携しながら見守る体制が整いました。その結
果、やすひろくんは危ない行動が少なくなり、落ち着いて歩くことができるようになりま
した。

　この経験を通して、やすひろくんが誰に甘えても受け止めてもらえ、安心して過ごせる
よう、職員全員で連携して見守ることの重要性を改めて実感しました。

②保育をつなぐ

> **事例10**　　　　**先輩が教えてくれた2歳児保育**

　クラスリーダーは0歳児クラスからの持ち上がりで、先輩の経験豊富な先生でした。30
代後半の異動してきたばかりの先輩と6年目の保育者と私の3人で、14人の2歳児を担当
することになりました。先輩たちは、「大丈夫、子どもとしっかり関わってね」と助言し
てくれ、子どもたちとの関係を築くために積極的に支えてくれました。片付けや配膳など
を率先して行ないながら、私たちにも活動の中心となる機会を与えてくれました。最初は
自分の役割が少ないことに不安を感じることもありましたが、日々子どもたちと過ごす中
で、子ども一人ひとりの性格や発達を理解するようになりました。

　私は低月齢児グループを担当し、先輩2人から「今日、のぼるくんとじんくん、先生と
うれしそうに虫探ししてたね。何がいたの？」と聞いてくれたり、「今日、（高月齢グルー
プの）たかひろくんが先生のグループの遊びに興味を持って一緒に楽しそうに遊んでいた
ね」などと話してくれたり、先輩たちは私が見逃していた子どもたちの様子にも気づくよ
ううながしてくれました。情報交換も積極的に行ない、子どもたちが安定して過ごせる環
境を整えていきました。

　だんだんと保育リーダーとしての自信を深める中で、先輩たちは私に活動のリーダーを
する機会を与えてくれました。「今日は外で遊びたい子どもたちが多いね。外遊びと室内遊
びを別にしてみようか？」などと提案しながら、私の成長を支援してくれました。自分が
担当している子どもたちが「イヤ！」と始まると「いいよ、しっかりと子どものそばにい
てあげて」と、先輩たちは子どもたちの気持ちを優先し、私に子どもと向き合う時間を作
ることを助けてくれました。この経験が、私の2歳児保育における基盤となりました。

> **保育のポイント　今、振り返ってわかること**
>
> 　この事例のように10年以上前、2人の先輩と一緒に2歳児の担任をして以来、多

くのことを学びました。その1年間を振り返ると、先輩たちとのコミュニケーションと相談が、協力体制やチームワークの基盤となったと感じます。日々の会話の中で、子どもたちの本質を深く理解する「子どもをみる目」を養うことができ、自分自身の成長も感じました。現在、私はクラスリーダーとして、子どもたちと深く関わり、感情や気持ちに寄り添いながら、一人ひとりの個性を大切にしています。2歳児の保育が持つ面白さと奥深さを、同僚と共有しながら、担当制、保育リーダー制など常にその時にあった最良のクラス運営を模索しています。「子どもとたくさん遊び、たくさん笑う」そして、「保育者も笑い合い、言葉を交わし合う」を、一緒に担任をする先生たちと相談し、保育者同士の交流を大切にしながら、日々の保育活動を進めています。

③ 座談会：保育者の連携

＜保育者の連携はどうしていますか？＞

2歳児クラスを保育する時にはどのように連携をとりながら保育を行なっていますか？

私の園は、2歳児保育室が1階にあるので、すぐ園庭に出られます。「〇〇ちゃんは登園したばかりだから、もう少しお部屋で過ごしていたいみたい」「〇〇くん、もうちょっとこの遊びを続けたいんだって。終わったらお外に行きたいって言っているから、あとから行くね〜」など、子どもの様子や希望に合わせて、保育者間でコミュニケーションをとりながら、少人数で保育しています。

2歳児室が2階にあるなど、すぐに外に出られない施設もあり、こういった対応が難しいこともありますよね。また、職員の体制によっては、少人数で行動できない場面もあります。

たとえば「2階から1階に降りる」といった移動の場面では、あらかじめクラス以外の職員に応援を依頼しておくことも大切ですね。

私の園も2歳児室が2階で、すぐに外には出られませんが、お部屋と廊下、ベランダに分かれて、少人数で落ち着いて遊べるようにしています。子どもたちの希望を聞きながら、「今から〇〇くん、廊下に行くね〜」「△△ちゃんは、お部屋の遊びがいいんだって〜」と行き来しています。

職員の体制や施設の構造にもよりますが、職員間のコミュニケーションに基づいたくふうや、施設のさまざまな空間を遊びのスペースに利用するなどのくふうができますね。

3　保育者の連携

<担任間の役割はどうしていますか？>

クラスを複数で担任する時、そのクラスの1年を通したクラスリーダーとは別に、毎日の保育を進めていく「保育リーダー」を、週ごとや日ごとに決めて、その人が保育の流れをプロデュースしていく形をとることが多いですが、みなさんは担任の役割分担をどうやっていますか？

私の園では週替わりで保育リーダーを交代しています。保育リーダーになると月案に基づいて週案を立てて、主な活動や動き方、配慮などを考え、それを共有します。

保育リーダーを決めて保育している時に、たまたま読んでいた絵本から遊びが生まれたり、遊びの中で偶然に楽しい遊びが盛り上がったりすることはないですか？　そんな場合にはどうしていますか？

私の園では月齢でグループを分けて生活しているのですが、週案や保育リーダーが決まっていても、たとえばサブのグループの遊びが盛り上がるような場面では、そこは保育リーダーに替わることはせずに、「そのまま進めて〜」とアイコンタクトややりとりをして、その場の状況、子どもの様子に合わせて保育しているかな。

そんな場面もあるので私の園では保育リーダー、サブ、フリーは明確には決めていないです。月案も週案もみんなで一緒に考えて立てて、活動では場面に応じて声をかけあいながら動いています。

でもそうなると、わりといつも同じ人が保育リーダーの役割を担ってしまうことが多いような気がしています。それに、保育リーダーやサブなどの役割をやってみてそれぞれの立場になって、気づくことがありますが……。

うちではクラスが落ち着いた頃に役割は決めて動いていますが、持ち上がりの保育者はやはり一番子どもたちを理解しているし関係性もできているので、保育や関わりの中でも要となる存在ですよね。

第3章　人と人との関わり

役割一つとってもいろいろな考え方ややり方があるのですね。それぞれのメリットもデメリットもわかったうえで自園の環境や体制、何より子どもたちにとって何がいいのかということを中心に考えたいですね。

<保育園内でのコミュニケーションどうしている？>

コロナ禍以前は、休憩室でご飯を食べながら、「今日こんな場面があって、どうしたらいいかわからなくて……」なんて話をすると、同じクラスだけでなく他のクラスの担任からも、「こうしたらよかったかもね」なんてアドバイスをもらったり、励ましてもらったり、情報交換できたりしていました。コロナ禍で黙食になり、それができなかった時期を経験して、とても貴重な時間だったことを実感しました。

休憩時間は、子どもと離れた所で、落ち着いて話せる時間ですよね。

いろいろな会話から、「こんなとらえ方もあるんだ」、「そんなくふうができるんだ」と新たな気づきも得られます。

若手の職員の考え方を知ることや、先輩保育者からの保育を継承していくという意味でも、大切な時間ですね。

●子どもたちから見る保育園の大人たち

　保育園には保育者、看護師、栄養士、用務員、調理師など、多様な職員が働いています。それぞれが異なる年齢や経験を持ち、同じ状況の職員は一人もいません。このような多様性は、私たちを取り巻く社会そのものと似ています。保育園の中では、職員同士が言葉を交わし、相談し、時には議論することもあります。これらのやりとりを行なうことが、子どもたちにとって人と関わることを大切に感じられる「環境」となります。保育園という「大きな家」の中で、職員たちが助け合い、頼り合い、寄り添い、見守る姿を子どもたちに見せることは、人との関わりを育むためにとても大切です。こうした人間らしい関わりを子どもたちに示し続けることが、保育者としての大きな役割であることを忘れないようにしていきたいと思います。

4

保護者とのつながり

　子どもたちは、2歳頃になると、保護者に自分の喜びや楽しみ、思いなどを伝えたいという気持ちをいつも持っています。しかし、それらを言葉でうまく伝えることがまだまだ巧みではありません。保育者にとって、子どもたちのこういった気持ちを受け止め、代わりに保護者に伝えていくことは、大切な役割の一つです。子どもと保護者をつなぐことが、子どもや保護者にどのように影響するのかを、エピソードを通して見ていきます。

事例11 　　　『ビンビングー』って何だろう？

　はじめくんは低月齢児で、まだ言葉がはっきりしていませんでした。それでもはじめくんなりの言葉や、ジェスチャー、表情で自分の気持ちや考えていることを生きいきと伝えてくれていました。保育者が時には理解してあげられないこともありましたが、はじめくんは『ま、いっかー』という感じで機嫌が悪くなるようなことはありませんでした。

　ある日、担任の1人が、「はじめくん、『ビンビングー』って一生懸命言っているんだけど、何て言っているかわからないの。わかる人いる？」と他の保育者たちに聞きました。でも誰もわかりませんでした。連絡帳を通して保護者の方に聞いてもわかりませんでした。家でも言っていたとのことで、保護者も気になっている様子でした。

　次の日も『ビンビングー、○○』と言うことがあり、「なんだろう、なんだろう」と担任は気になり、部屋中の玩具を見せて、「これかな？　これかな？」と聞いても、首を振るばかりでした。はじめくんといつも一緒に過ごしていた周りの子や、他のクラスの保育者に聞いてみたのですが、わかりませんでした。

　その頃、はじめくんが生き物の図鑑が好きだったため、「きっとこの中にあるのでは？」と担任たちは予想し、はじめくんが図鑑を開くタイミングで、数日かけて確認していきました。その間も、はじめくんの保護者とは「『ビンビングー』わかりました？」などお互い聞きあっていました。

　それから4、5日後のことでした。サメのページが開いた時に、ホオジロザメの写真を指さして、『ビンビングー』と言うのを1人の担任が聞きました。しばらく時間をおいて、別の担任がまたそのページを開いて「これ、なあに？」と聞いてみると、『ビンビングー』と言っていました。担任たちは「やっぱりそうだ！」と、興奮しました。はじめくんも伝

第3章　人と人との関わり

わったことがうれしかったようで、笑顔を見せていました。

　保護者がお迎えに来た時に、図鑑を見てもらいながらその日のことを話しました。保護者も「えーーー！　これなの‼」と驚きながらも、うれしそうに笑ってくれました。

　次の日、保護者から「『ビンビングー』は、おそらく映画"ジョーズ"の登場シーンの効果音が由来だと思います。（ビーン、ビン！　ビーン、ビン！　グングングングングングングングン！）」と教えていただき、担任たちも「なるほど！　確かに！」「はじめくんの表現力ってすごいよね！」とうれしくなりました。

> ### 保育のポイント　保護者の心配に寄り添う
>
> 　2歳児頃になると、子どもの発達の遅れを心配する保護者が出てくることがあります。このため、日頃から子どもの姿を担任同士でよく観察し、考察することが大切です。そのうえで、保護者の気持ちや子どもの思い、そして実際の姿に寄り添うことや、子どもの言葉を理解するために、保護者と情報交換を行なうことの重要性も感じ取れました。

事例12　2歳児の"うそ"「飛行機に乗ったよ！」

　夏休みが明けた頃、たかしくんの連絡帳に「先生、うちの子は飛行機に乗ったと嘘をつくんです」と書いてありました。たかしくんのお母さんはとても真面目な方で『嘘をついているのでは？』と、敏感になっていました。その時に担任が、少し前に園庭で遊んでいる時のことを思い出しました。空に飛行機が飛んでいるのを見つけると、「あっ！　飛行機乗ったよ！」「（飛行機に乗って）おばあちゃんの家に行ったよ！」と、子どもたちと会話したことです。乗り物が大好きなたかしくんは、『飛行機に乗った』とは言っていませんでしたが、みんなと一緒にじっと見ていました。

　お迎えの時にお母さんに話を聞くと、乗ってもいないのに飛行機に乗ったと言ったので怒ったとのことでした。その時、何日か前に園庭で空に飛行機が飛んでいるのを見ながらみんなで話をしたことを伝えました。そして担任は、まだ言葉でうまく伝えられない年齢のため、もしかすると「友だちが飛行機に乗った」と、たかしくんは伝えたかったのかもしれないこと、「自分も飛行機に乗りたい」と、言いたかったのかもしれないことを伝えました。するとお母さんは、「嘘をついたと決めつけて、話をそれ以上聞かなかった」と話してくれました。「2歳児頃は、嘘ではなく、空想したことや願望を自分が体験したことのように表現することがあります。何を話したいのか、じっくり話を聞いていくと、たかしくんの本当に言いたかったことがわかるかもしれないですね」と、話をしました。

その後、たかしくんのお母さんは、これまで以上にいろいろな視点でたかしくんの話を聞いてくれるようになり、たかしくんもお母さんにいろいろなことを話すようになりました。担任も、保育中のさりげない会話を大切にし、それをたかしくんのお母さんに伝えるようにしていきました。その後、たかしくんのお母さんと担任との間で、連絡帳でのやりとりや送迎時の会話も楽しい内容が増えていきました。

保育のポイント　子どもの心の声を伝える

　お母さんは初め、「こんな小さいうちから嘘をつくなんて」と、不安で連絡帳に書いてきたかもしれませんが、担任が話をすることで話の内容を受け止め、たかしくんもお母さんに話すことが楽しくなっていったのではないでしょうか。この経験を通じて、保育者は2歳児がまだうまく表現できない言葉の奥にあることを代弁する大切さを感じました。保育中の子どもとの些細な会話も大切にし、それを保護者に伝えることで親子の楽しい会話につなげ、保護者とともに子どもの気持ちを理解し、共有していける保育者でありたいと思います。

〜 2歳児の人との関わり 〜

大人との関わり

- ○保育士
  - ・担任
  - ・担任以外
- ○園長
- ○主任
- ○保育園で働く様々な人

- ○保護者

- ○保育園以外での大人
  - ・地域の人など

生活や遊びを通しての日頃の関わり

自分（子ども）

生活や遊びを通しての日頃の関わり

子ども同士の関わり

- ○同年齢
  あの子
  ↓
  気になる子、気の合う子
  同じ遊びを楽しむ子
  ↓
  一緒にいたい子
  ↓
  友達

- ○異年齢
  - ・年上
  - ・年下

気持ちの安定・豊かになっていく心

人と関わることへの嬉しさ、心地よさ

第3章　人と人との関わり

● 2歳児なりの人との関わり方と、その子なりの人との関わり方

　同年齢の子ども同士との関わり、異年齢児との関わり、そして周りにいる大人たちとの関わりについて、本章ではさまざまなエピソードを紹介しました。前ページの図は、2歳児の人との関わりについて話し合った際に作成したものです。このように見てみると、保育園で過ごす子どもたちはさまざまな関係の中で生活していることがわかります。保育者としては、それぞれの子どもたちが関係性の中で存分にわたし自身を表現できているだろうか、安心できる関係性にあるだろうかと振り返りながら保育をしています。

　2歳児の遊びにおける人との関わりを見ていると、面白いと感じた時に目を合わせて一緒に笑うなどの姿が見られます。一緒に同じ行動や遊びをすることが楽しいと感じているようです。幼児期に向け、「気の合う子」と過ごす時間が多くなっていくように思います。一方で、一人遊びが充実している子もいます。

　しんくんは、21名クラスのみんなの名前をフルネームで名簿順に言える子でした。ある日、しんくんは園庭を三輪車でグルグルと回りながら何やらぶつぶつとつぶやいています。よく観察すると、砂場の周りやジャングルジムの周り、小屋の周り、木陰の周りと、他の子どもたちがよく遊んでいる周りを三輪車で回っているようでした。夕方、しんくんに聞いてみると、園庭を街に見立てていたようで、砂場で繰り広げられていたジュース作りは「おみせやさん」、ジャングルジムで遊んでいた子どもたちは「ほいくえんのこどもたち」、小屋のおままごとは「かぞく」、鬼ごっこで園庭を走り回っていた子どもたちは「けいさつとどろぼう」だったようです。「いろんなひとたちがいて、まちみたいっておもって、まわりながらみてたの」とのことでした。この年齢で客観的に物事をとらえられるしんくんは、気がつくと「大人との関わり」が多く見られます。そんなしんくんのご両親は迎えに来るたびに友だちと遊んでいないのではないかと気になっておられるようでした。しんくんの関心事が同じ年齢の子どもたちとは異なることも多くあり、ご両親と様子を共有しながら、しんくんなりの関わりの育ちを見ていくことにしました。しかし、直接的ではないものの、しんくんは他の子どもたちの様子をよく見ており、そこには「子ども同士の関わり」を含めて自分の遊びの中に取り入れていることがわかります。言葉を交わしていない、一緒に遊んでいないという表面的なとらえ方だけでは見えてこないことがあることをしんくんに教えてもらいました。その後、5歳児になると「なんでもしっているしんくん」として急速に「子ども同士の関わり」が増えていきました。

　人との関わりもその子なりの関わりや育ちがあるように思います。大人よりも自然体で周囲の子どもや大人と関わることのできる2歳児は、大人とらえる枠を超えた人との関わりができるのかもしれません。

第4章
イメージすることの面白さ

1歳時期から見られる「みたて」や「つもり」は、2歳児になると、自分だけではなく友だちと共に想像を膨らませ、イメージを共有しながら遊ぶようになります。ここで紹介する事例では、自分の生活体験だけでなく、大好きな絵本やお話の世界、園庭での活動や散歩、自然との関わりなどから、友だちと楽しむ2歳児らしい姿が語られています。笑ったり、うなずいたり、考えたり、語り合ったりするきっかけにしていただけたらと思います。

1
「楽しく遊ぶ」ってどういうこと？

　子どもは自分で遊びを見つけ、楽しさを見出します。その「楽しい」という感情は「もっとやりたい」「○○したらどうなるのだろう」と新たな意欲や興味につながり、遊びがどんどん広がっていきます。自ら考え主体的に遊ぶ経験が、いろいろなことに興味を持ち、意欲的に取り組もうとする力になっていきます。

　これから紹介する事例では、友だちとイメージを共有し、つながる楽しさを感じている子どもたちの姿がたくさん出てきます。

> ### 事例1　　　　　　　　おさかなつれるかな～

　あきちゃんが「おさかなつれるかなー」とプールに縄跳びを垂らしました。それを見ていた子どもたちが集まり、真似を始めました。保育者が魚になり、泳ぐ真似をしてはときどき垂らしている釣り糸がわりの縄跳びをつかんでみます。「○○ちゃんもやってー」と保育者がつかむのを楽しみにしている子どもたちの声が聞こえます。縄をつかんだ保育者が「ここにはおいしいものがついてないなー」と言うと「おにぎりついてるよ」「ケーキがついてるよ」など釣り糸につけたものを言います。「ひろとはねーおっきいマグロつってたべるんだー」「たっくんはねータコつろっと」「ゆうちゃんもタコにする」と、たくとくんに続いてゆうきくんが言いました。

　保育者がその場を離れると、ゆうきくんが魚になりました。「たっくんがおさかなになる」。タコになったつもりのたくとくんとゆうきくんは腹ばいになって泳ぐ真似をします。そして子ども同士で釣ったり釣られたりのやりとりが始まりました。ときどきしょうくんがプールに落ちると「サメだぞー‼　ガブリ！」と追いかけっこになりました。

> ### 保育のポイント　遊びの主役は子どもたち
>
> 　魚釣りは子どもたちが実際に経験したことではありません。それでも友だちとみたて遊びとして楽しみ、イメージを共有しています。2歳児になると相手とコミュニケーションを楽しむことができるようになります。知らないことも周りの人との関わりやまねっこの中からそのものを理解していくことができるのです。サメの登

1 「楽しく遊ぶ」ってどういうこと？

場で新たな展開を見せています。子どもたちにとっては自分たちで作り上げた世界だからこそ、存分に楽しめたのではないでしょうか。遊びの主役は子どもです。大人の言葉かけや入り方によって、遊びの楽しさの幅が広がっていきます。

事例2　　ドキドキ！むしゃむしゃのもり

　子どもたちが大好きな絵本『つのはなんにもならないか』の中から、自分の好きな色を選んでオニのお面を作りました。散歩に行くときにお面をつけてミッキーマウスマーチの曲に合わせて「むしゃむしゃのもりは　こわいもり～♪」と大きい声で歌って出発です。子どもも保育者もみんなが"あかたろう"や"きよちゃん"などのお面をつけているので、すれ違う人が「どこ行くの？」と笑いながら声をかけてくれます。「むしゃむしゃのもりだよ！」「こわいんだよ！」などと答えながら手を振って歩く子どもたち。

　大きな置石を見て「象の背中が見える！　寝ているから静かにね」と誰かが言うと、「ほんとだ！　シーだよ！　シーだよ！」とみんなで言います。植え込みのそばを通ると「ヘビがかくれているからいそいで！」と、どんどんお話の世界に入り込み、いつも通っている道なのに園に帰ってくると「ドキドキしたねー」「食べられなくてよかったね！」と話していました。

保育のポイント　イメージの共有

　絵本の世界に入り込み、鬼の子どもになりきってとことん楽しむ子どもたちの姿が目に浮かびます。子どもたちの思いを受け止め、いろいろな角度から楽しめるような形にしていったことで、よりイメージしやすくなり、お話の中にみんなでどっぷり入り込むことができたのではないでしょうか。イメージを共有できた実感は一体感を生み、とても心地よく、友だちとの関わりをさらに深めていきます。友だちと関わりが深まっていくような遊びをいろいろ考えていけるといいですね。

第4章　イメージすることの面白さ

> **事例3** 『**3匹のこぶた**』の家を探しに行こう！

「3匹のこぶたの家はどこにあるの？」。それは、ともまさくんのこの一言からはじまりました。

保「どこにあるんだろうね？」　子「森の中？」「高円寺かもよ？（住んでいる地名）」保「えええ？　高円寺なら近いじゃない」「探しに行こうよ」　子「行きたい」　保「じゃ、今度のお散歩の時に行こうか」。もちろん全員大喜びで、行く前からワクワクの子どもたち。子「こぶたの家ってどんなおうちだろう？」「レンガのおうちだよ」「煙突もあるよ」「周りには木もあるんじゃない？」。歩きながらの会話も弾みます。

手をつないで歩いたのでは見つけにくい！　「道の端を歩く」ことを約束して自由に行ったり来たり。十字路のたびにどっちに行くかみんなで相談しながら進みました。

大きい木が見えてくると、子「あの近くにあるんじゃない？」　小走りで行くけど……。子「ないねぇ」「レンガの壁、あったー」「それはマンションだよ。ちがうねぇ」。

「あったー！」と「ちがうよー」を繰り返しながらワクワク進んでいくと……。やっと見つけました！　一軒家のちいぶたのレンガらしきおうち！

保「これかなー」　子「きっとそうだよ」「こぶたのおうちだよ」。周りをウロウロするけど誰もいない様子。

子「こぶたが帰ってくるから待ってようよ」「車が1台あるね」（家の車庫に車が1台）「きっとこぶたのパパの車だよ」。なぜか、隠れて。こぶたはでてこない。帰っても来ない。おそるおそる近くまで行ってみると誰かが「今何か音がした」なぜかわからないけれど、走って逃げて隠れました。遠巻きから見てまた近づいて……。見ているだけでも楽しくて。大笑いしながら繰り返しました。結局その日はこぶたに会えず。「また来よう」。こぶたの家発見のニュースは、園長や家族への土産話になりました。

もちろん翌日もこぶたの家へ。子「こっちだったよね」と確認しながら歩く足取りは軽く、まっしぐら。隠れて見ていると、子「あっちからだれかきた」「こぶたがかえってきた？」でやはり隠れる。お買い物袋を持った人とわかると、子「あー人間だったー」「ネギ持っててねー」なんて言って大笑い。子「こぶたたちも散歩に行ってるんじゃない？」「きっと7匹の子ヤギの家に行ってるんだよ」。

けっきょく、何回行ってもこぶたには会えませんでした。

ある時の帰り道、子「あれ？　これ木のおうちじゃない？」「きっと中ぶたの家だ」。いかにも古い木のおうちを発見しました。その時もみんなで隠れて注目！　すると木戸がガラリと開いた！　息をのむ子どもたち。すると、赤ちゃんを抱いたおばあちゃんが出てきました。なんだかわからないけど安どの笑いがでていました。

保育のポイント　想像の世界を本気で楽しめる時期

　子どもの言葉から始まったこぶたの家探し。自分たちが遊びを決めているという思いがさらに子どもたちを意欲的にし、より楽しむことができたのではないでしょうか。「こぶたに会えるかもしれない」と本気で思っているこの時期だからこそ、子どもたちはワクワクし、夢中になっていったのだと思います。想像と現実の世界が重なり合う会話はまさに２歳児ならでは。そんな世界観を持っている夢のあるこの時期だからこそ、想像の世界を思いきり楽しめる経験がたくさんできるようにしていきたいです。

事例4　おおかみが入れないようにドアをふさごう

　お楽しみ会で「３匹のこぶた」の人形劇を観てから、追いかけっこでこぶたとおおかみになったり、ウレタン積み木を使って家を建てたりと遊びが広がっていきました。

　ある日１人の子どもがウレタン積み木でこぶたの家を作り始めると、周りで見ていた子どもたちも一緒に作りたいと家を作り始めました。始めはおおかみ役の担任が近づき、家に「フー」と息を吹きかける真似をすると、すぐに家がこわれてしまい逃げ出していました。少しすると「もっと広いお家を作ろう」「おおかみが入れないようにドアをふさごう」などやりとりが盛り上がりました。家の中をそっとのぞいてみると、壁となっている積み木が倒れないように一生懸命押さえたり、家の中を片付けたりと子どもたちなりに考えたくふうがたくさん見られました。「これなら大丈夫」とおおかみ役の担任を呼んで、「倒れないよ〜」と楽しんでいました。

第4章　イメージすることの面白さ

> **保育のポイント　お話の世界**
>
> 　言葉がはっきりして語彙がどんどん増える２歳児。言葉でのやりとりでイメージを共有しながら遊びが発展していく様子がわかります。日々の経験を出し合いながら、自分たちで遊びを作り上げていくことはとても楽しかったのだと思います。自我が発達して思ったことを伝えるようになるこの時期、相手に受け止めてもらい共有できたことは人との関係づくりの第一歩、社会性が育つ大切な経験になります。絵本・紙芝居・劇・お話……さまざまな形でお話の世界に触れる機会を作ってあげたいです。子どもはいろいろな場面からたくさんのことを感じ、学び、それを遊びに生かしていきます。

事例5　『魔女』を探そう！

　散歩の途中に、一際目立つ大きな木がありました。木がざわめいているさまは圧倒的でみんなで立ち止まってよく眺めていました。ある時ゆきえちゃんが「魔女が住んでいるみたい」と言い出しました。「今は魔女いないみたい」「ねぇねぇ、魔女を探しに行こうよ」「魔女を探しに行きたい」と翌日からの散歩は魔女探しになりました。
保「どうやって見つける？」「魔女のおうちに行ってみようよ」。まずは魔女の木のあの場所へ。そこを起点に空を見ながら、飛んでいると思う方へみんなで相談しながら進むことにしました。「あ、いた」と思うと飛行機だったりヘリコプターだったり。指さしながら喜んだりがっかりしたり、常に笑いがありました。

　なかなか見つからず、郵便配達員、工事現場のおじさん、おまわりさん、すれ違う人にたずね、「ありがとうございます」と頭を下げる子どもたちでした。

　町の人の協力が、魔女探しを盛り上げてくれました。「魔女がいたらどうやって連れて帰る？」と言い出したのは、まさおくんです。「すぐ飛んで逃げちゃうよ」「つかまえないとだめだよ」。保育園に帰って相談です。

　園庭を歩き回ってつかまえられる物を探しました。「網をかぶせる」「ロープで縛る」

1 「楽しく遊ぶ」ってどういうこと？

「これは？」と洗面器やバケツを持ってくると「それじゃ入らないよ」と大笑い。
保「持っていけるかなー」に、「ロープ持っていける」（縄跳びの縄）
保「引きずって歩いたら危ないねー」に、「うでに巻く」「おなかに巻く」（ベルトみたいでカッコいい）。翌日からロープを身に着けて出かけることになりました。その格好で歩くことも楽しんでいました。

「魔女がいたの」「見た人がいたの」。散歩帰りの報告に園長も「え、見えたの？　どんなだった？」「今度はつかまえてきてね」「本日もお疲れさまでした（敬礼）」と対応してくれたので楽しみが継続しました。

保育のポイント　子どもそれぞれの楽しみ方ができる

見たこともない「魔女」というものをやりとりの中から想像し、友だちと共有、共感しながら作り上げていくことに、子どもたちは面白さを感じていたのだと思います。よくわからなくても、ノリで楽しめるのも２歳児ならではです。魔女を探すのが楽しい子、友だちと一緒が楽しい子、町の人とのやりとりが楽しい子、楽しみ方はそれぞれだったのではないでしょうか。友だちと相談しながら行き先が決まることで「自分たちが主体である」実感が持て、より想像が広がり関心が深まっていきました。

事例6　温泉ごっこ

休日に温泉に行ったゆきちゃんが「大きいお風呂に入ったんだー」と話していたので、「先生も入ってみたかったなー」とつぶやくと、「先生も入りたいの？　おっきいの作ってあげる」とマルチパーツ（紙パック製の手作り積み木）を並べ始めました。他の子もやっ

95

第4章　イメージすることの面白さ

てきて、「みんな入っていいよ」と一緒に入っています。ときどき温泉がプールになり、「あったまったー？　出たらジュース飲もう」と声をかけてままごとコーナーの冷蔵庫からジュースを運んでみんなに配っています。「カンパーイ」と言いながら『温泉に入ってジュースを飲む』を延々と楽しんでいました。

温泉と出た後のジュースはセットになっており、友だちと共有できたことで次の日も温泉ごっこが続きました。

保育のポイント　子どもによって旬の遊びがある

その子にとっての好きな遊び、旬な遊びは必ずあります。自分の思いを受け止めてもらえたこと、友だちも楽しんでくれたことで大きな満足感が持てたのだと思います。この満足感が次の遊びへの興味、関心、意欲へつながっていきます。満足するまで遊ぶ、存分に遊ぶことの意義は大きいです。

事例7　参加の仕方も自分で決める

3月、年長さんとのお別れ交流として一緒に遊ぶ日がありました。2歳児クラスは電車ごっこで遊ぶことになり、年長さんが運転するフラフープの電車に乗って園庭を回りました。ゆうくんはその遊びが始まった途端にジャングルジムに上りました。他の子どもたちが楽しく電車ごっこをしているなか、ゆうくんは黙って真剣な表情でジャングルジムの上からみんなの様子を見ていました。保育者は何も声をかけずそばについていました。

10分ほどするとしゅんくんが「電車来た！」と笑顔を見せました。この反応がチャンスと思い、「しゅんくんも乗る？」とさりげなく聞くと、「うん！」と何のためらいもなくジャングルジムから降りて電車ごっこに入っていきました。その後は終わりの時間まで何

周も電車に乗り、電車ごっこを楽しんでいました。

> **保育のポイント　楽しみ方は人それぞれ**
>
> 　ゆうくんはジャングルジムの上で何を考えていたのでしょうか。どんな遊びでどんなところが楽しそうなのかをじっくり考え、みんなの輪の中に入っていなくても、想像の中で一緒に遊んでいたのかもしれません。
>
> 　目に見える姿や様子で保育者が勝手に子どもの気持ちを判断することはとても危険です。保育者の決めたことや思いに子どもを合わせるのではなく、その子の思いやペースを認め、それに寄り添っていくことが大切なポイントです。

2
子どものイメージを豊かにするために

　子どもたちは、日々の生活や体験、絵本やテレビなどの映像、自然、人との関わり、さまざまなものを通して感じた思いを遊びにしていきます。自分たちでやりたいことを見つけて、表現できる環境を考えていきたいと思います。

　ひと言で環境と言ってもいろいろあります。環境は子どもたちの遊びを支える玩具であったり、保育者の関わり方や言葉かけであったりします。この節では、環境のほか、子どもたちの豊かなイメージを支える事例が出てきます。

①保育者の言葉がけとタイミング

> **事例8　　　水たまりにいるのは？**

　雨上がり、ブランコの柵の中に大きな水溜まりができていました。あさひくんがそれを見て「カバがいる」。隣にいたはるちゃんがそれを聞き「ほんとだ！　カバがいる！」と柵の中に落ち葉を入れたりして、2人でのぞいていました。そこへじょうくんが来て「ペンギンがいるよ！」と言い、3人でどんな動物がいるか言いながら楽しんでいました。

保育のポイント　耳を澄ませてみると……

実際に目の前にはいないが、本当にいるかのようにイメージする2歳児。友だちと話しながら子どもたちだけの世界は広がっていきます。そんな2歳児のイメージや言葉のやりとりにそっと耳を澄ましてみましょう。

2 子どものイメージを豊かにするために

事例9　　　　　　　　　　保育園ごっこ

　お人形のお世話遊びをしているけいとくんに「お父さん、お仕事の間お子さんお預かりしましょうか」と保育者が声をかけてみました。
　隣のスペースに保育園を開設。すると「おはようございます、おねがいします」。お父さんが子ども（お人形）を抱っこして登園してきました。「げんきです」「きょうは、おむかえはママです」。お父さんになりきって子どもの様子や連絡事項を伝え、「バイバイ、タッチ」をして仕事に行きました。その姿に他の子どもたちもお人形を抱っこして次つぎ登園。「おわったらすぐくるよ」「たのしくね」。自分が日頃言われている言葉をかけてあげる姿は微笑ましくてほっこり。そのうち保育者の役もこなし、並べたお人形に向かって手遊びをして絵本を読み聞かせていました。
　保育者は、お人形や布団（お昼寝用）、お皿やコップ（給食用）の数を増やし、厚紙で連絡ノートを作りました。保育園ごっこは盛り上がり、遊びはこれ以降しばらく続きました。

保育のポイント　保育者も役になりきって

　遊んでいる様子を見ながら、保育者が役になりきり子どもに声をかけて、保育園ごっこが始まるきっかけを作りました。子どもたちの日常の様子なので、どの子も共通のイメージを持ち、いろいろな役になりながら遊びが広がっていきます。

99

第4章　イメージすることの面白さ

事例10　　　　　　　　**やったね！イェーイ！**

　屋上の遊び場に、日常の再現遊びやジュース屋さんごっこなどを楽しめるように自動販売機のコーナーを作り、ペットボトルのジュースを置きました。三輪車のかごに販売機で買ったジュースを入れて買い物ごっこをしたり、シートを敷いてピクニックのように座りジュースを飲む真似をしたりして遊んでいます。そんな中で、かえでくんはペットボトルのジュースを並べてしばらく見ていたかと思うと、フタとフタを合わせて重ね始めました。ペットボトルの大きさや形はさまざまで、たくさんある中から1本ずつ選んで重ね、手を放す時のかえでくんの緊張した表情から真剣さが伝わってきます。うまく重なると保育者の方をチラリと見て満足そう、保育者も笑い返し「やったね！」「すごいね！」と声をかけると「みてて！」というようにまた真剣な顔つきになり3本目を重ね始めました。何度崩れてもあきらめずにペットボトルの大きさや形を変えながらチャレンジし集中しているので、友だちが話しかけてもそばに来ても黙々と重ねています。

　保育者は手を出さずに見守っていましたが、目が合った時に「手伝って」を感じたのでそっと手を添え、4本目の手を放す時にも保育者の視線で「いくよ」と合図を送ってくれたように感じ、黙ってうなずきました。みごと倒れずに重ねることができて、初めて「やった‼」と声に出して大喜びし、「イェーィ！」とハイタッチをして喜び合いました。

保育のポイント　楽しみ方は子どもが決める

　一緒にごっこ遊びをしてもいいし、ひとりで遊んでもいい。どんなふうに遊ぶのかを決めるのは子ども自身です。ペットボトルを試行錯誤しながら積み重ねようとするところにこの遊びの楽しさがあります。子どもの主体的な遊びを見守り、声をかけたり手を出したりするタイミングが重要です。子どもからの合図や発信を見逃さないようにすることが大切です。

事例11　　　　　　**絵本『ぐるぐるジュース』**

　子どもたちがままごとでジュースやさんごっこをしている様子から絵本『ぐるぐるジュース』を読んでみました。一緒にオノマトペを言って、ミキサーにフルーツを入れる仕草をしています。

　ぐるぐるかき混ぜ「いただきまーす」と言ってストローで飲んだふりをして、次のページで「ごちそうさまでした！」とすると、一人の子どもが「まだちょっと残っているよ」と

絵に気づきました。「あ、そうだね、ちょっと残ってるね」と答えると、「ストローをとって、こうやって飲めばいいんだよ」と両手でコップをもって飲む仕草をしました。「・・・」とうなずいて答えると、当人以外の周りの子どもたちもうなずいて、何人かはストローをもって両手で飲むふりをしてニコニコしていました。

保育のポイント　言葉かけのくふう

上記事例の「・・・」の中には保育者の声がけが入ります。何と言ったでしょうか？　断定ではなく子どもの気づきを受け止めながら他にも考える余韻を残す返答です。保育者の言い方や表情次第で、受け取る子どもたちの気持ちも変わってきます。この時は、「なるほどね、そうしたら最後まできれいに飲めるかもね」でした。

②環境づくり

事例12　美容師のたけるくん

休みの日にお母さんに髪の毛を切ってもらったたけるくん。保育者に「髪の毛切ったの？」と声をかけられると、「ママが切ってくれたんだよ！　先生の髪の毛も切ってあげるー！」と保育者を椅子に案内し、美容院ごっこをはじめました。

手をチョキにして切る真似をしています。「うしろ切るよ〜、今度はこっち〜」とたけるくんが保育者の周りを動きながらカットしていきます。前に来て、前髪を切る真似をしていると急に「あっ！　すみません！　おでこ切っちゃいました」と申し訳なさそうな表情を見せながら去っていくたけるくん。「待ってください！　おでこ痛いです」と保育者が言うと、あわてて戻ってきて「ばんそうこう貼っておけばだいじょうぶです。ミニオンの

第4章　イメージすることの面白さ

ばんそうこうでいいですよね」と保育者のおでこにばんそうこうを貼る真似をして、「はい！　できました」とうれしそうにしていました。

　お母さんに髪を切ってもらった経験を保育者と一緒に楽しむ中で、真似からイメージが広がり、自分のごっこ遊びへと変化し楽しんでいました。申し訳なさそうな表情や、「すみません」「〜ですよね」など、お店の人の話し方なども経験の中から言葉にしていて、店員とお客の違いなどもよくわかっているなと思いました。

保育のポイント　家庭との共感も見通して

　ゆったりと子どもと関わりながら、何の道具もなく会話から始まるごっこ遊び。大好きな保育者と一緒に楽しい気持ちを共有することで満足感を味わっていたことでしょう。保育者自身が一番の遊びの環境です。家庭でもこんな場面がきっとあるでしょう。子どものイメージの世界を一緒にやりとりをしながら保育者と共感していきたいです。

事例13　　　うー、うまれるー

　ジャングルジムの周りにマット、縄、ゴザなど遊び道具を運んでいる女の子たちがいました。「先生ー、生まれます。早く来てください」「うー、うまれるー」。出産？　お風呂マットを敷いてその上に横たわる妊婦。そして、ジャングルジムにつながれた縄はようこちゃんの腕に巻かれていました。点滴なの？「大丈夫ですか」「苦しくないですか」……「だれか来てください」と周りに声をかけ、介抱しているお医者さん。ジャングルジムとその周りは病院になっていました。

　保「どうしたんですか？　赤ちゃんが生まれるんですか？　大変！」。そばに来たたかおくんに「お父さんですか？」と聞くと「はい、お父さんです」。かなとくんはいきなりお父さんになり「たいへんだー」と行ったり来たりで、いつの間にか出産ごっこの仲間になっていました。他にも「お父さんたち」が数人加わり、いろいろな道具を運ぶ係になっていました。

　「うまれるー」「くるしいー」とますます演技に力が入り、楽しそうです。妊婦の人数も増えていました。

2　子どものイメージを豊かにするために

　ジャングルジムの周りには妊婦と医者、家族が集まり、それぞれが自分の役を楽しんでいました。お互いの会話もつながっていましたが、自分の役をやるのが楽しいようでした。病状がひどくなり、ジャングルジムからつながる点滴の縄はどんどん増えていました。妊婦のほか、けが人も増えていました。

　実は、この保育園にはジャングルジムに縄を縛って遊んではいけないという約束がありました。しかし、展開があまりにも自主的で面白そうだったので、そばで見守るという態度で黙認しました。

保育のポイント　ルールはその時々で見直す

　子どもの安全を考えるうえで、決まりを守ることは基本です。しかし、子どもの遊びの様子を見て、継続させてあげたいと考える時があります。○○病院をどうやって、どのタイミングで移転できるかなど、子どもたちと一緒に考えたり、職員間で姿を共有したりして、ルールを少し考えてみるのもいいかもしれません。

事例14　落ち葉の世界にようこそ

　保育園の取り組みとして1か月に1回、全園児が遊べるような園庭遊びのテーマを決めて遊んでいます。その日のテーマは"落ち葉遊び"。園庭いっぱいに落ち葉を敷き、ままごとの道具や大小の段ボール、段ボールの筒など子どもたちの発想で好きなように遊べるようさまざまなものを用意しています。みんなままごとなどで自分なりのイメージを膨らませて遊んだり、幼児の遊びを真似してみようとしていました。

　せいやくんが「葉っぱの世界へようこそ!!」と目を輝かせながら園庭に出て来た保育者を迎えに来てくれました。そのまま保育者の手を引き「これはお家なんだよ！　ベッドにしたの！」とせいやくんが寝転がれるくらいの大きさの段ボールに落ち葉が敷き詰められているのを見せてくれました。その後は落ち葉のご飯を用意してくれて時間の限りに遊びました。

第4章　イメージすることの面白さ

> **保育のポイント　それぞれの園の特性を生かした遊び**
>
> 　園全体の取り組みとして毎月計画している園庭遊び、保育者同士の連携と協力は欠かせません。個々の遊びのイメージが広がるようにさまざまな玩具や素材を用意したり、異年齢の関わりを持つ場にしたりしています。小さい子から大きい子までそれぞれが楽しめるのは保育園ならではです。各保育園でそれぞれの園の特徴を生かした遊びの環境や、企画を検討しています。

事例 15　節分「怖いオニ」行事のとらえ方

　保育園に的当て用に描かれた鬼の絵がありました。節分の日、伝承行事に触れてほしい、子どもたちと豆まきを楽しみたいと思い、朝から一緒に新聞紙で豆をつくりました。「鬼は怖いもの」というイメージが強いので、行事前から『鬼のパンツ』を踊り、『つのはなんにもならないか』の絵本などを読んで、怖くないイメージを持てるように配慮しました。子どもたちは的当てを始めたものの、やはり何人かの子どもは大泣きで、そのまま廊下に避難しました。泣いている子どもたちにどう対応しようかと考えていると、部屋で楽しそうに的当てをしている友だちの様子を見て、小さい声で「がんばれー」という声が聞こえ、しばらくするとみんなで応援合戦が始まりました。鬼が怖い子どもたちも応援することで豆まきに参加していました。そして後日、『鬼は怖かったけど、ブロックの鬼なら倒せる』と赤いブロックを積み重ねて倒して遊んでいるわたるくんがいました。「節分だから鬼に豆をまく！」という誘導になっていたのかもと反省しました。

2　子どものイメージを豊かにするために

> **保育のポイント　子どもに気づかされること**
>
> 　節分に限らず、保育園の行事は各年齢において何を経験し、感じてほしいか考えて取り入れていきます。この事例では、保育者の思いが前に出すぎて、よけいに鬼が怖くなってしまったのかもしれません。しかし、その場で豆まきはしていないけれど、子どもたちは自分で考えた方法で鬼を退治しています。子どもが大人に気づかせてくれることがたくさんあります。

③子どものイメージ遊びの楽しさをどのように保護者と共有するか

事例16　バーベキューごっこから広がる遊びと保護者

　公園へ散歩に行くとわかなちゃんが、石製の1人用イスに網目のような模様があることに気づきました。ほどなくして、小枝や葉っぱ、石を集めだし『バーベキューしてるの』と始めました。『せんせいもきていいよ』と誘われお邪魔すると、他の子も興味津々に集まってきて、帰るまで「バーベキューごっこ」は続きました。その後は、砂場やクラス内でのままごとも『バーベキュー』を楽しむ子が多くなっていました。

　子どもたちの遊びがさらなる展開をしていくことを期待して、保育者はトングや網、テントなどを持ち込んでみました。同時に連絡帳やクラス便り、口頭などで子どもたち一人ひとりの様子を共有していきました。

　バーベキューだけに収まらず、焼肉屋さんを開店する子が現れ、いつしか焼肉屋さんごっこで役割分担や関わり合い、準備に関しての意識など楽しさが広がっていきました。

　その中で、みずきくんだけは一人でバーベキューをしているのです。ある日、みずきくんの母から「家では一度もバーベキューに行ったり、やったりしないのに口にするようになったから不思議だと思っていたんです。お便りや先生から聞いて謎が解けました」と話がありました。

105

第4章　イメージすることの面白さ

　みずきくんは友だちが楽しそうな姿に触発され、自分なりに楽しみながらその思いを膨らませていたのだと知りました。この時を契機に、みずきくんの父は"我が子を喜ばせてあげたい"とバーベキューの日を計画し、みずきくんは本当のバーベキューを経験しました。みずきくんの家族はバーベキューに限らず、家族で楽しさを作り出すようになり、その経験を得てクラスで遊びをリードするようになりました。

保育のポイント　園と家庭の響き合い

　クラス便りや保育者との会話、連絡ノート等さまざまな方法で子どもの姿を伝えることで、家庭でバーベキューに行く機会へとつながっていったのでしょう。同じように保護者の方から、子どもの家での遊びやお出かけした時の様子などを知らせてもらうことで、保育者もその子の思いに寄り添ったり共感していくことができるのです。

事例 17　　　あひる組だより

①　〇月あひる組だより

　あひる組では、病院ごっこに美容院ごっこ、レストランごっこなど、ごっこ遊びがもりあがっています。患者さん、お客さん役は保育者。病院に行くと「どうしましたか？」とお医者さん。「頭が痛いんです」「転んじゃって……」と話すと理由に関係なく「注射しまーす」……「痛くても泣かないよ！」と注射を次つぎ打たれ、打った後には「シールでーす」とご褒美を貼ってくれます。

　美容院では、ドライヤーで髪の毛をぐしゃぐしゃ乾かして、色とりどりのクリップを付けると、お化粧スタート。「この色がいいんじゃない？」と青いアイシャドウに紫の口紅……「ピンクがいいのですが」と希望を伝えると「ピンクは私の！」と子どもたちがお気に入りの色は塗ってもらえず、派手なメイクの完成です。レストランでは、注文したものとは別の料理が届き、カレーライスには果物たっぷり！　食べ始めるとシェフも一緒に座り「かんぱーい」……ツッコミどころ満載のごっこ遊びに大笑いです。

②　△月あひる組だより

　あひる組は"〇〇ごっこ"が流行中。美容院ごっこでは、友だちや保育者を相手にお化粧をしたり、髪の毛を切ったり、結んだりする真似をしてかわいく仕上げてくれます。はじめは子どもと保育者の2人で遊んでいたのですが、「わたしもやって〜」と次つぎにお客さんが集まってきました。

106

2 子どものイメージを豊かにするために

　保育者が「順番で待っててね」と伝えると、子どもたちは自分のイスを並べ、部屋いっぱいに長い行列が……。順番がまわってくるまでに時間がかかるのですが、お客さんたちはその間もきちんとイスに座って順番を待っていました。

　1人終わるとちゃんと前にずれていきます。自分の番が来て、美容師さんにアイシャドウを見せられ「何色がいいですか？」と聞かれると、「赤がいいです」「紫がいいな」と色を選んだり、ファンデーションを塗ってもらったり……。最後に鏡を見て、「かわいい？」とウットリ。ところが美容師さんはさすがに疲れたのか、全員終わると「フー、つかれた……」と苦笑いでした。ごっこ遊びを経験する中で、自然に友だちと関わるようになってきました。仲立ちが必要な場面はまだまだありますが、これからも子どもたちのかわいいやりとりを見守っていきたいと思います。

保育のポイント　次回が待たれるクラスだより

　クラスだよりは保育者と保護者の思いを共有したり、共感できる貴重な手段の一つです。読んだ時に、子どもたちがごっこ遊びや表現遊びを自由に楽しんでいる姿が目に浮び、思わず笑ってしまうようなクラスだよりは、次回を楽しみにしてくれます。子どもたちと保育者の様子やおたよりからクラスの雰囲気も伝わってきます。

　保育者の思いが強すぎると、子どもたちのイメージする力を奪ってしまったり、遊びを誘導したり、不意の言動は遊び自体をこわしてしまう原因にもなります。あくまで遊びの主体は子どもだということを忘れないようにしていきたいと思います。

3
イメージを広げて遊ぶことで育つもの

①事例から何が見えてきたのか

> 事例18　　　　**チカチカ……信号ごっこ**

　園庭にてコンビカーに乗って進んでいる子どもと、歩いている子どもがぶつかりそうになりました。「危ないよ！」とそれぞれ言い合ってヒートアップしていたことから、「そうだね、ぶつかったら危なかったね、どうしたらいいんだろうね？」（前を見るとか、止まるとか、よけるとか言うかなと予想しながら）と声をかけると、「手をあげて渡ればいいんだよ」と歩いていた子どもが言って、手をあげました。「なるほどね、手をあげたら、運転手も通るのがよく見えるね」と答えると、「先生、車になって！」と言われました。「え、いいよ」と少し離れてから、保育者がブーンと運転するジェスチャーをしてそばに近づくと、今度は二人で（コンビカーの運転手も降りて参加）自信を持って手をあげる姿があったので、「お、手をあげてるぞ、キキー」と止まりました。

　すると「青信号です、右左右！」とはりきって確認して、車役の保育者の前を横切るようにして渡っていく子どもたち。保育者が「チカチカ、あ、赤になりましたね、今度は車が進みまーす」と進んで見せると、「もう一回車やって！」とまた、始めの所に戻って並んでいました。

3 イメージを広げて遊ぶことで育つもの

繰り返しているうちに、どんどん参加者が増え、最終的にクラスの全員が参加して、集団で「右、左、右！」と、横断する光景となりました。集団なので渡るのに時間がかかり、後ろに並んでいた子が半分くらいまで渡りそうになったときに、「チカチカ……」と言うと、あわてて早歩きになり、さらに「もう一回！」と楽しんでいました。それを見ていたもう一人の保育者が、「赤と、青のカードをもって、信号をやるのはどうかな？」と、色紙で信号の代わりにして掲げてみました。すると、より一層、「あ、まだ赤だ」「もう青になった！」とその信号の色に合わせて、キビキビと大移動する子どもたちでした。

保育のポイント　イメージが膨らむ言葉かけ

　保育者の働きかけで遊びが広がったり、遊びの方向が変わったりしていくことがわかります。保育者が赤や青のカードを作らなかったほうが子どもたちのイメージを膨らませながら主体的に遊びが続いたのかも知れません。きっかけ作りや援助で子どもの遊びのイメージを決めつけてしまうことがないか繰り返し振り返っていくことが大切です。

　これまで紹介した事例からも、保育者の発想やそれによる保育者の関わりで遊びの様子がさまざまに変わっていき、豊かに展開していくことがわかります。

事例 19　干すのが楽しい洗濯ごっこ

　ごっこ遊びがさかんになってきているとき、洗濯ごっこやお店屋さんごっこで遊んでいる姿が多かったので、「何を準備するともっと遊びが発展するのだろう？」と担任で話をしました。

　洗濯ごっこでは、布をイスや棚にかけて干しているつもり！　洗濯ばさみで挟んでみたり……などの姿があったので物干し竿ならぬ、物干しロープを設置し、洗濯ばさみをたくさん用意しておきました。するとどんどん洗濯物が干されていくではありませんか。

　ままごとコーナーにあった布はあっという間になくなり干されていました。布をもっと準備する？　いやいや、「乾いたらお母さんたちはどうしてる？」と問いかけると、今度はたたみはじめている子どもたち。「ママと一緒にやってるよー」「上手でしょ？」と今度はたたむのが楽しくなってきていました。

　そして、また洗濯をしては干して、たたむの繰り返し。しばらく2歳児クラスは洗濯母ちゃん、父ちゃんがいっぱいでした。

第4章　イメージすることの面白さ

保育のポイント　言葉かけのセンス

　この「洗濯ごっこ」の事例でも、みたてやつもりが膨らむ環境が考えられていることがわかります。夏だったら本当に洗濯ができるように環境を作るなど、その時の季節や、保育者のことばかけでも展開が変わってきます。子どもの主体的な遊びのために、どう働きかけたらいいのか、さらに遊びが展開していく中で、それでいいのか振り返ることで、よりよい環境構成へつなげていくことができます。

事例20　　　　言葉にならない衝撃

　園庭にあるゆずの木からアゲハの幼虫を見つけて、飼育ケースに入れ、葉っぱを食べたり、うんちをしたりする様子など興味津々で観察をしてきた子どもたち。さなぎから蝶になり、「せまいんじゃない？」と言うので、外へ逃がすことにしました。
　テラスに出て、蝶が飛び立つのを待ちました。なかなか飛び立たない蝶に「がんばれー」と応援します。ようやく飛び立って、そばの木の裏に行きそうになったとき、横から鳥がばっと飛んできて、蝶をくわえ、子どもたちの目の前の電線にとまりました。鳥はパクパクとくちばしを動かし、蝶の羽がバタバタとしている様子もとてもよく見えていました。
　子どもたちは一言もしゃべらず、ずっと静かにその様子を見ていました。保育者も衝撃を受け、言葉も出てきませんでした。みんなで言葉も交わさず部屋に戻りました。しばらくして園長に蝶がどうなったか聞かれると「とりさんが、ちょうちょをガブガブしたの」と次つぎに報告していました。

3　イメージを広げて遊ぶことで育つもの

保育のポイント　子どもは深く感じ、考えている

　保育者が何も言えなかったことが、結果的によかったのではないでしょうか。子どもたちの言葉にならない感情を引き出すことになり、自らの言葉で話すことで整理していくことができたのだと思います。

　子どもの自分で感じたり考えたりすることを大事にするために、時に保育者のリアクションは控えたほうがいいことを認識しました。日々の生活の中で子どもに何が残るのか、どれだけ見守れるのか、見極めや振り返りをしていくことが大切ではないかと思います。

　保育者の必要以上の言葉かけや援助は、子どもが自ら考える機会を奪ってしまうことを踏まえ、子どもが自分で考えイメージして遊ぶことの楽しさを味わえるように、言葉かけのタイミングを見極めることを心がけたいです。

②イメージを広げて遊ぶことが、何につながっていくのか

　「3匹のこぶた」や、「魔女」の事例は、子どもたちの思いが膨らんでいく感情の動きや、楽しい思いが伝わります。頭の中で考え、言葉でのやりとりでイメージを出し合い、友だちや保育者に伝え、共有し合っている姿が見られます。それは、自分で考えをめぐらせ形にしていくこと、ものを考えたり物事を進めたりする基礎になっていきます。

　遊びを通して表現することを楽しみ、積み重ねていくことは、その子どもの自己肯定感へとつながっていきます。そのためにも保育者は、ていねいに一人ひとりの子どもの表現を受け取り、子どもの言葉や思いを他の人にもわかるように伝え、共有から共感へとつなげ、子どもたちが主体的に活動していると実感できるように配慮していくことが大切です。

第4章　イメージすることの面白さ

　「温泉」や「美容院ごっこ」は、遊びで再現しながら、経験したことを自分なりに向き合っていることがわかります。イメージを広げて遊ぶことは、目の前にないものを思い浮かべ、自分の頭の中で考えたことを伝えたり、目には見えない人の気持ちを想像してくみ取ったり、実現させたりする力につながっていることがわかります。

　創造力を豊かにすることや考えて代用して実現していくことは、周りの環境や社会、人間関係に対して自ら関わったり、試行錯誤したり、アプローチをしていく力になっていくことが推察されます。

　「バーベキュー」では、子どもの遊びを家庭と共有することで、ごっこ遊びから本当の実体験への橋渡しにつながっています。

　イメージを豊かにするためには、保育者がどのように子どものイメージを受け止め、関わりや環境を構成するかなども大切ですが、何よりの基になるのは実体験です。

　今、子どもたちがどんな遊びに夢中になっているのかを保護者とていねいに共有していくことが楽しい経験を作るきっかけになります。

　さまざまなごっこ遊びの事例では、自分でイメージし表現することの楽しさを感じていることが読み取れます。子どもたちが自分の実体験と重ねてどんどんイメージを膨らませて表現し、その経験を積み重ねる中で、みたてつもり遊びがどんどん楽しくなります。

　イメージが果てしなく広がっていく中で、想像力だけでなく、保育者や友だちとのやりとりも一層広がっていきます。「ごっこ遊びを経験する中で、自然に友だちと関わるようになってきました」とあるように、いろいろな立場になり他の役柄の相手とやりとりを楽しみ、積み重ねていくことは、語彙の増加やコミュニケーション能力を高めるだけでなく、人と関わることが楽しいと思う貴重な経験です。それは人との輪が広がっていくきっかけにもなっていくのではないでしょうか。

112

3　イメージを広げて遊ぶことで育つもの

「むしゃむしゃのもり」や「ぐるぐるジュース」「3匹のこぶた」の劇の事例のようにいろいろな絵本や、劇などでお話にふれることが、子どもたちのイメージや表現を広げていくものだとわかります。

「むしゃむしゃのもり」の事例（事例2）で『つのはなんにもならないか』の絵本により、好きな色を選んで鬼のお面を作り、「むしゃむしゃのもりはこわいもり〜」と歌も歌い、お面によってすれ違う人ともその世界を共有してやりとりを楽しんでいます。

絵本の世界と共に、それを現実に置き換えて楽しむことにつながっています。それぞれのお話でどのように感じどのように思うかは人それぞれ違うように、一つの絵本や劇でも、人それぞれとらえ方、世界観が違っています。

また、同一人物でも時間を経て話にふれることでまた違って見えてくることがあります。違うからこそ繰り返し絵本を読み、再現遊びをしていくことが大切です。共感したり共通認識をしたり共に新たな発見をしたりして、より一層想像の世界が膨らみ面白くなっていくのだと思います。

人間や動物、外国や大昔の時代……とお話の世界はとても壮大です。お話の世界に入りいつもとは違う楽しい時間を過ごすことも、心を豊かにすることにつながります。

保育者自身も子どもたちのイメージを感じ、くみ取りながら一緒にお話の世界に入っていきたいものです。それは保育者の働きかけによって子どもの遊びの楽しみの幅が広がっていくからです。保育園でのさまざまな遊びの経験、園外での活動（散歩）、「落ち葉遊び」の事例14のように自然に触れたり、行事に参加したりすることは、さらに子どもたちの想像を刺激し、さまざまなごっこ遊びへつながります。それは表現を豊かにするとともに、文化に対する興味関心が増し、さらに自然現象への発見と関わることの楽しさも味わえるのではないかと思います。

また、異年齢交流により、年上の子どもたちの遊ぶ姿から刺激を受けて、ごっこ遊びがより広がっていくことがあります。大きいクラスの子どもと関わることが遊びや気持ちを豊かにしていく様子がわかります。人とのつながりや関わりを深めていく活動を大切にしたいです。

事例21　　　　　**ピッピッ、ワッショイしよう**

神社のお祭りに行ってきたというひとしくん。子ども神輿には、誘ったもののイヤがって参加できなかったとのこと。休み明けの保育園にて、牛乳パックに布を貼った箱を使って、神輿をかたどるように積み重ね、「ピッピッ、ワッショイしよう」と、友だちを誘う様子がありました。「重いから持ち合えなかったんだ」、「3人なら持ち合える」と、友だちと3人で積み上げていきました。

113

第4章 イメージすることの面白さ

　一緒に持ち上げようとすると崩れる神輿。誘われた２人は「あららら」と戸惑う中、ひとしくんは一人ニコニコして、崩れた箱の一つをもって笛に見立てて口元に持っていき、「ピッピッ！　ワッショイ！」と声高らかに言って、音頭をとって楽しみ続けていました。

保育のポイント　実体験できなかったことを遊びの中で再現

　この事例では、本当はやりたかったけれど参加できなかったことを遊びの中で再現し、自分なりに楽しんでいます。疑似体験により満たされるものがあるといえます。なかなかうまくいかず、思うようにいかないことがあっても、それこそが貴重な経験になっていきます。それぞれのイメージやペースを大切にし、ごっこ遊びを積み重ねていくことが、心の葛藤や現実に向き合う力、困難であっても自分の力で乗り越えていく力につながっていくのではないでしょうか。

③みたてやつもり、イメージの世界を楽しむ２歳児の子どもたち

　１歳児期に芽生えたイメージの世界（表象）は、２歳児になると自分の生活体験や見たり聞いたり、経験したことの積み重ねにより一層豊かになります。

　２歳児は、その豊かになる表象を使って楽しむ、みたてつもり遊びが大好きです。フェルトを食べ物にみたてたり、積み木を電話にしてみたり、ダンボール箱を車にみたてて中に入り、運転をしているつもりになって遊んだりします。

　みたてつもり遊びのよさは、決まった形にとらわれずに遊ぶことができるところです。パパやママなど自分以外の誰かになりきったり、目の前にないものを何かで代用したりし

114

3　イメージを広げて遊ぶことで育つもの

ながら遊ぶ子どもたち。時には経験したことのない場面をイメージし、それを表現して遊ぼうとするときもあるでしょう。現実では起こっていない場面を考えることは、子どもの発想する力も育むことにもつながります。

④みたてつもり遊びを通して、友だち（他者）の気持ちや思い（意図）に気づく

　ことちゃんとまなちゃんが、お人形をおんぶしてままごとコーナーで遊んでいます。チェーンリングをお皿にのせて、ことちゃんがまなちゃんの目の前に差し出しました。「これなに？」とまなちゃん。「あかちゃんのカレーでーす」とことちゃん。ご飯を作っては、お人形に食べさせたり、布団に寝かせトントンしたり、ママになったつもりで遊んでいました。さらにバックに入っていた積み木を取り出して電話にみたてて「うんわかった」「いってらっしゃーい。おかしかってきてね」と2人でおしゃべりを楽しんでいます。すると今度はことちゃんが「あかちゃんがおなかいたいの。みてください」と病院をイメージして診察してほしいと保育者の所にやってきて病院ごっこへと遊びが広がっていきました。

　それぞれが持っているイメージを伝え、それが相手に伝わることによって、互いにイメージを膨らませながら対話が成立します。対話することで保育者や友だちと言葉や動作を使ってコミュニケーションをとったり、自分のイメージを伝えたり、どうやって遊ぶと楽しいのかを考えたりします。子どもたちがイメージすることを楽しんでいるとき、そこに関わる保育者に必要なことは、子どものイメージを断定するような言葉かけをしないようにすること、また、子どもの思いが膨らんでいく感情の動きを大切にすることです。
　この伝え合いは、自分と友だち（他者）とでは違う気持ちや考え方があることに気づくきっかけになります。また、相手の考えていることや気持ちを理解するといった力をつけ

第4章　イメージすることの面白さ

ることにもつながります。やがてその力は、子どもが成長していくうえで自分の考えをめ
ぐらして形にしていくことや物事を考えたり進めていったりする基礎になります。

⑤友だちって伝わる存在なのだということを知り人との関わりが楽しくなる

　イメージの世界に入り込んで遊ぶことで、子どもたちの想像力が豊かになります。第4
章の事例の中では、友だちと言葉のやりとりを楽しんだり、みたてたものを使って遊んだ
りとイメージを膨らませながら、保育者や友だちと思いを共有して遊ぶ楽しさを味わって
いる子どもたちの姿がたくさん伝えられています。

　子どもたちはみたてつもり遊びやイメージを共有する遊びを通して、自然と豊かな想像
力を養っています。みたてつもり遊びの中でイメージを共有し、友だちとやりとりやコミュ
ニケーションをとることで、友だちとの関係を築いています。自分を主張しながらも友だ
ちのことも受け入れることを、子どもたちは遊びを通して経験しているのです。

第 5 章

豊かな保育をするために

子どもは「人・自然・もの・こと」など自分を取り巻くあらゆる環境との関わりを通して育つということを、私たちは日々実感しています。環境の豊かさが保育の豊かさに通じてもいます。保育園の意義として、誰でもが質のいい本物の文化・文化財に出会うことができることがあります。この章ではさらに、環境としての「人」に関わって「インクルーシブ保育」と「ビデオ研修」（自己研鑽）についてとりあげました。

1

絵本・紙芝居

絵本大好き！

「せんせい、よんで〜」「もういっかい」。保育の中で、毎日、必ず聞こえてくる言葉です。子どもたちは絵本が大好きです。少しずつストーリーもわかるようになってきて、お話（ファンタジー）の世界を楽しんだり、ごっこ遊びにつなげるようになっていくのがこの時期の大きな変化です。

散歩先で、絵本で読んだ『３匹のこぶた』や『おおかみと７ひきのこやぎ』ごっこが始まったりします。こぶたやこやぎになりきって、しげみに隠れたり、おおかみに見つかるまでドキドキしたり、おおかみをやっつけてみたり、知っている言葉や体験を結び付けてお話の世界で思いっきり楽しみます。絵本を通じていろんな気持ちに出会い、さまざまな感情が豊かに耕されていきます。

また、言葉の数も飛躍的に増えてくる時期で、絵本を通じて話しかけられたり質問されたりすることで、話すことが楽しくなり発見したものを教えてくれたりと共感するうれしさや、大人が理解してくれたことの喜びも生まれます。お気に入りの絵本を何度も何度も繰り返し読んでもらい、やがてはそっくり暗記して、自分で「読む」ようになるのもこのころです。

絵本の登場人物に自分を置き換えて楽しめるようになるのもこの頃からです。『ねないこだれだ』のルルちゃんが寝ないのはよくないことだとわかっていて、「ねないとだめだよねー」と言うものの、自分は夜「ねないー！」とだだをこねて親を困らせたりする姿がよく見られます。このように相手のこととしては理解できても自分事としては難しいのも２歳児です。子どもたちが面白がってページをめくるたびに、絵本の登場人物になって自問自答をくり返す中で、子どもの想像力や気づきに保育者が共感したり応答したりすることがさまざまなことに気づいていける手助けになっているのだと思います。

一緒が楽しい

「面白そう」が伝染する"ノリのよさ"もこの時期の特徴です。

自分だけの世界から他者とのつながりへも目が向くようになり、みんなと一緒だと楽しいという気持ちも芽生えてきます。1冊の本を頭を突き合わせて読むと、面白い場面では、目を合わせて笑ってみたり、面白くなくても一人が笑ってしまうとなぜか笑ってしまった

り……。同じ感情や認識を共有し合うことの心地よさや楽しさを味わっています。

　そんな時は、紙芝居も有効です。紙芝居は「絵」だけでお話が進んでいきます。絵の裏に脚本が書いてあるので、読み聞かせをする人は演技をするようにお話をすすめることで、より子どもたちはお話に引き込まれます。一方的にお話をすすめるのではなく、コミュニケーションをとりながら子どもたちの反応に合わせてすすめることでみんなで盛り上がり、みんなと同じって気持ちいい、楽しい、ということを紙芝居を通じて感じるのではないかと思います。紙芝居は文字通り「紙」の「芝居」です。「芝居」には観客が不可欠です。言葉のメリハリをつけて台詞を伝えたり、観客（子ども）の反応を見て臨機応変にやりとりができるのもよさの一つです。子どもたちのその時の姿に合わせて、大人も一緒に楽しめることが大切なのではないかと思います。

保育者の役割

　子どもたちが絵本の世界を十分楽しむために、保育者はどんなことを心がけたらいいでしょうか。

　読み聞かせの際に膝の上にのせたり寄り添ったりすることで、子どもはぬくもりを感じ、安心感に包まれて相手の愛情を感じるそうです。ただ読むだけでなく、子どもの質問に答えたり、保育者も言葉をかけてやりとりを楽しんだり、そんな1対1での濃い時間をどの子にも体験させたいものです。子どもから「よんで〜」と求めてこなくても、保育者の方で目配りをしておいて誘ってあげることもします。

　絵本や紙芝居がいつも子どもたちのそばにあり、好きな絵本を好きなだけ読んでもらえる環境を整えて、読んでもらう時間が好き、本が好きと思える子どもたちが育つように関わりたいと思います。

　また、絵本には子どもの世界の広がりを手助けする役割があります。お話の世界は子どもにとって実際に体験したことと同じだそうです。保育者はその世界を大切にし、どれだ

第 5 章　豊かな保育をするために

け一緒に楽しんだり、時には見守ったりできるかが重要です。絵本の中の言葉を子どもに投げかけたり、登場人物役になって話しかけたりすることで、子どもは自分も絵本の中にいるかのように楽しむことができます。
　次のようなエピソードはいかにも 2 歳児の楽しみ方ではないでしょうか。

　一人で黙々と遊んでいたしゅうくん。本棚から 1 冊ずつ本を出して表紙が見えるように床に無造作に並べていきます。しばらくして他の遊びに移ったようでしたので、そばにつきながら保育者は本を本棚に戻そうとしました。すると、「ダメ！」としゅうくん。「ごめん、ごめん、ほかの遊びをするのかと思って」と言うと、「よむの！」とまた同じ場所へ。しゅうくんなりの意図がありそうです。しばらくすると、「よんで！」と 1 冊の本を手に保育者の膝に座ってきました。少し文字の多い本でしたので、保育者が 1 ページ読み終わる前にしゅうくんはページをどんどんめくっていきます。保育者はしゅうくんのめくるのに合わせて、とばしとばしに話を進めていきます。ときどき知っている物があると「クロワッサン！」「しゅうくんたべた」と言ったり、あるいは、前のページに戻って「あかちゃんないてるね」「これはなに？」「これは？　これは？」と次から次へと言葉が出てきました。それにていねいに答えたり、「せんせいがすきなのはメロンパン」と返したりするとニコニコのしゅうくんです。ページをいったりきたりしながら、最後のページにたどりつき、パタン！　と絵本を閉じると「じゃあ、つぎこれよんで！」と床に並べてあった順番に本を読みながら同じやりとりが続いたのでした。すべて読み終わると、絵本を本棚に自分で片付け、次の遊びに移っていったしゅうくんでした。

　しゅうくんの今の絵本の読み方、楽しみ方がよく伝わってきます。みんなで一緒に聞いたり見たりする楽しみ方もあれば、こんなふうに大人と一緒に自分のペースで自分の楽しみ方で読むことのできる絵本は、たいせつな文化財であり、一人ひとりの"わたしの生活"を意味づけていくような気がします。

＊第 6 章に絵本に関する調査の結果も掲載されていますので、そちらも参照ください（p 141）。

2

歌とわらべうた

　日々の保育の中で、歌に触れない日はあるでしょうか。一年を通じ、季節や行事に合わせて、心地よいメロディーにのせてさまざまな詩（歌）が奏でられていることと思います。それに、保育園での生活がはじまる以前から、わが子が泣いたときには、抱っこしてあやすなどのスキンシップを通じて、温もりを感じながら、わらべうたや子守唄を歌って親子共に気持ちを落ち着かせるといった経験が誰しもあるのではないでしょうか。そんな歌とわらべうたについて2歳児期を念頭に触れてみます。

　保育園では、カリキュラムの一貫としてさまざまな意味を持たせたうえで、保育の中に歌を取り入れることもありますが、2歳児にとっての歌いやすいテンポ、音域、リズムは、どのようなものでしょうか。その子の発達や好みによるところもありますが、体を揺らしたり、手をたたいたり、足踏みをするなど、リズムに合わせて体を動かすことが楽しい時期でもあることから、あまり複雑な曲よりも繰り返しのリズムで少しアップテンポな曲がおおむね好まれているようです。

　わらべうたについては、家庭はもとより保育園生活の中でも触れることが少なくなっています。地域でも近所の友だちと一緒にわらべうた遊びをした経験が少なくなっていることも、受け継いでいくことを難しくしているのかもしれません。幼稚園教育要領では、伝統的に受け継がれてきた日本の文化財として位置づけられています。今あらためて保育者がそのよさを知り、理解を深め、子どもたちを育てる大切な文化財として保育園がわらべうたを継承していく場にしたいと考えました。

2歳児の歌の楽しみ方

　2歳児くらいになると、登園しながらお気に入りの一曲を歌っている子どもがいます。その子に合わせて周りの大人が一緒に歌い始めたりすると、「歌わないで！」と制止されることもあります。そんなとき子どもは、自分の口から耳へと意識を向けて、耳を澄まして自分の声を楽しんでいることがわかります。

　子どもたちにとっても歌は、とても身近にあるものです。少し音程が違うこともありますが（もう少し大きくなると裏声を使って高い音も歌う子どももいます）、この年齢は、正しく歌うことよりも、楽しんで歌ってほしいと思います。

121

また、ピアノに合わせて歌ったり、手遊びや体操をする際に、同じ曲でも速くしていったり、速くなる曲を選ぶと、その変化に子どもたちの気持ちが高まって、はしゃぎ、笑いがあふれ、表現が大きくなっていく姿は、共感できるところがあるのではないでしょうか。

わらべうた遊びの魅力

1対1で子どもと触れ合い、きれいな日本語であやすことに始まり、年齢に応じて体の動きと調和するような親しみあるリズムのわらべうたを、普段から子どもと一緒に楽しんでいきたいと思います。『わらべうた』には、心地よい抑揚があり、かんたんな歌詞の繰り返しによる覚えやすさ、言葉が持つリズムの面白さなど、たくさんの魅力にあふれています。また、歌と一緒に数を覚えられるものもあります。同じ曲でも、地方によっても言葉の違いや特色があり、面白さも感じています。

次にきれいな日本語の響きが伝わる、おすすめの『わらべうた』を紹介します。

子どもに人気のあるわらべうた

♪さるのこしかけ　♪かぞえうた　♪てまりうた　♪ゴム飛び　♪ちゃつぼ　♪あぶくたった　♪ウサギのダンス　♪おちゃをのみにきてください　♪かごめかごめ　♪さよならあんころもち　♪ずいずいずっころばし　♪でんでらりゅうば（はやくちことば）　♪とおりゃんせ　♪はないちもんめ　♪ひらいたひらいた　♪なべなべそこぬけ　♪一本橋こちょこちょ　♪だるまさんが転んだ　♪あしたてんきになれ　♪みかんのはな

これらはどこかで聞いたことがある方も多いのではないでしょうか。

2歳児クラスでは、子ども数人と大人が2人入って♪かごめ　かごめをしています。少し形を変えて、後ろに座った子どもが、「わんわん」などと、動物の鳴き声を出して後ろにいるのが誰なのかを当てられるようにすると喜んでいます。また、大人とならば、♪なべなべそこぬけも1対1で楽しんでいます。0歳児クラスの時から、何らかの形でわらべうた遊びをしていても、まだまだ向き合って触れ合っていくことが大好きです。

たとえば、♪うまはとしとしも、順番を交代しながら見て待っていることもありますし、ときには2人で膝にのって笑い合って楽しさを共感していることもあります。0～1歳児クラスの時とは違って、子どもの人数が増えて大人を独占できることは少なくなりますが、大人の膝が空いていれば、座りに来るときこそわらべうた遊びができるチャンスなのかもしれません。

この他、♪大波小波、♪ゆうびんやさん、♪一羽のカラスなど、歌と一緒に身体を動かす、大縄遊びでのわらべうたも楽しんでいきたいものです。

『わらべうた』が日々の保育の中で、感受性豊かな子どもたちの遊びの中に溶け込み、歌とともに学び、育ち、成長していくことと共に、長く受け継がれてきたことによって、安心感や信頼感、情緒を安定させることを与えうる、この大切な伝承文化を、保育園での営みを通じて次世代に継承していきませんか。

『子どもに人気のふれあいあそび』

研究会で編集委員会をつくり、会員園にアンケートを行ない、0～5歳児それぞれのクラスで子どもたちに人気のわらべうた・遊びうたを募りました。その結果をもとにベストテンを集計し、楽譜と遊び方で編集した保護者にも大評判のロングセラーです。
（ご注文は東京都公立保育園研究会、または書店、こどものとも社、ひとなる書房まで）

第5章 豊かな保育をするために

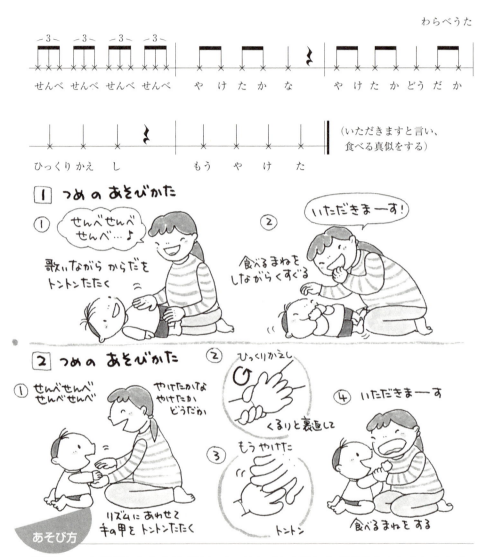

①横になった子どもを大人が「せんべ、せんべ」と歌いながら体をトントンたたき、「いただきます」で食べる真似をする。
②大人と子どもで向かい合って座り、「せんべ、せんべ」とリズムどおりに手の甲やひざをトントンする。「ひっくりかえし」で子どもの手を裏返し、「もうやけた」とトントンしたあと、「いただきます」で食べる真似をする。

＊この2曲のページは

2 歌とわらべうた

かごめ　かごめ

わらべうた

か　ご　め　か　ご　め　　かごのなかのとりーは

い　つ　い　つ　で　や　ー　る　　よ　あ　け　の　ば　ん　に

つ　る　と　か　め　と　す　べ　った　　う　し　ろ　の　しょうめん　だ　ー　れ

あそび方

①手をつないで輪を作る。

②鬼は輪の真ん中に座って目を閉じる。

③輪になった子は手をつないで歌いながら回り、歌い終わったところで止まる。

④鬼は目を閉じたまま輪の子の所まで行き、手探りで名前を当てる。

⑤名前が当たったら鬼を交替し、はずれたらもう一度鬼をする。

『子どもに人気のふれあいあそび』（東京都公立保育園研究会編）から流用して作成しました。イラストは柏木牧子さんです。

125

3

楽器と出会う

　2歳児頃になると、生活の中での雨の音や鳥のさえずり、風にそよぐ葉っぱの音や虫の声などに気がつき、そのことを周りの誰かに伝える姿が見られます。素直に音を聴き、音をとらえる力が大人よりも優れているのかもしれません。音を聴いて、体と心で感じる体験の中の一つに、楽器との出会いがあります。

　楽器には、身近なピアノをはじめ、バイオリン、ギター、ウクレレなどの弦楽器、マリンバ、グロッケン、ウッドブロックなどの打楽器、フルート、クラリネット、サックスなどの管楽器など、他にも和太鼓や三味線、琴など種類がたくさんあります。子どもたちにとって本物の楽器演奏に触れる時間は、かけがえのないものです。楽器の音色を全身で感じ取り、言葉にはならない心地よさを体感しています。また、和太鼓の音が体に響くことに驚いたり、力強さに感動したりします。

　楽器が奏でるさまざまな音色に心を揺さぶられたり、思わずじっと聴き入ったり、自然と心や体が弾んでいく体験は、子どもたちの中に、きっと美しく心地よい感情経験としていつまでも残っていくでしょう。また、幼い子にとって楽器を自ら扱う体験は、楽しさに加えて想像力や好奇心が働く、独特の体験です。

　音が鳴ることの面白さは、0歳児・1歳児にとっても魅力的で、身近な物やおもちゃを通して日常的に楽しんでいます。2歳児になると鈴やカスタネットなどの楽器に触れる機会も増えてきます。何でもやってみたい、触ってみたい2歳児にとって、楽器との出会いは心躍る機会のひとつです。3・4・5歳児クラスが合奏遊びをしている場面を見たり大人が演奏する行事へ参加するなど、楽器に出会う機会が増えて、子どもたちの楽器遊びへの興味が高まっていきます。

楽器との出会いを演出する

　2歳児クラスの部屋に楽器を用意したときのことです。これまで遊んだことのある鈴に加えて「木琴」「鉄琴」「木魚」「ウッドブロック」などを用意してみました。

　保育者が部屋に入り、楽器一つひとつをそおっと置いていく姿を、子どもたちは黙って見ていました。箱から出すときも並べるときも、音が出ないように傷がつかないようにていねいに扱う姿を見て、なかなか触ろうとはしません。大人の振るまいを通して本物の楽器に対する思いが伝わり、何かを感じていたのでしょう。保育者が静かに楽器の近くに座

ることで、子どもたちも、ゆっくりと楽器に触れ始めました。

　初めて見る楽器を目の前にして、子どもたちは目をキラキラさせながら「これなあに？」「これ、どうやって使うの？」と近づいてきます。真っさらな気持ちで楽器と向き合い、どうやったら音が出るのか？　どんな音なのか？　好奇心でいっぱいです。試行錯誤をしながら使っているうちに、鉄琴は力いっぱい叩くよりも優しくバチを当てたほうが綺麗な音色になること、優しい心地よい音色が出ることに気がつき、繰り返し優しい音色を楽しんでいました。楽器によって音が違うこと、鳴らし方によって音色が変わることが楽しくて、さまざまな音色を感じとっているようです。

音の響き合いが心の響き合いに

　ある子どもが「こうやってやるんだよ！」と、鈴の鳴らし方を隣の子に教えはじめました。鈴にはこれまでも慣れ親しんでおり、大人に鳴らし方を教わったことがあるのでしょう。しかし、言われた子も周りの子も笑顔のままで自分たちが感じたように自由に鈴を鳴らし続けます。その様子を見て、教えようとした子も再び楽器遊びを楽しみはじめていました。言葉がなくても、二人の中で気持ちが通じ合ったように感じました。

　時間が経つにつれて、片手に鈴、もう片方の手に木琴のバチを持ち、交互に鳴らすことを思いついた子がいました。その伸びやかで楽しそうな様子に、周りの子も真似しはじめています。さまざまな楽器の音色が重なる楽しさ、隣の友だちとリズムが揃うことのうれしさを感じているようです。隣の友だちと同じリズムで鳴らして、「ふふふ」と目を合わせ「いっしょだね」「たのしいね」と通じ合っている表情。一人が力いっぱい叩き始めると、隣の子も真似をしてダイナミックに！　隣の子がなでるように木琴を奏でると、見ていた子も真似をしてみる。いろいろな響かせ方を発見して、それを周りの友だちと共有して……楽器を通して気持ちを通い合わせている2歳児の姿でした。

　楽器の扱いは、発表の場を目的として技術的なことを伝えがちですが、楽器に触れて本物の楽器の音色を心地よく聴く経験や心地よさを感じる中で、楽器を大切に扱うことや豊かな情操につながっていくのだと思います。さまざまな楽器を使って自由に遊べる時間や心ゆくまで遊べる時間を通して、楽器という文化を感じていくのかもしれません。

4
伝承行事

　保育園で行う伝承行事として、春は端午の節句、大きなこいのぼりをあげ、自分たちのこいのぼりを作ったりします。夏の七夕では、織姫と彦星の話を絵本や紙芝居、また保育者から聞いたりします。親子で短冊に願い事を書き、七夕飾りと共に笹に結びます。秋のお月見では、玄関に飾ってあるお月見団子やススキを見ます。冬はお正月、お飾りや鏡餅を知り、干支の話を聞き正月遊びを楽しみます。正月遊びには凧あげ、こままわし、福笑い、羽根つきなど各年齢に合った遊びを楽しみます。獅子舞いや二人羽織など保育者が子どもたちに披露することもあります。

　このように保育園では、一年を通して四季を感じられる行事や成長の節目を大切にする行事があります。伝承行事は、季節を感じたり、継承してきた行事に触れたりする貴重な経験であり、保育園において大切に継承されています。それは子どもたちにとって何らかの意味があり、保育者として子どもたちに伝えたい願いが込められているからだと思います。

　節分では2歳児は鬼から逃げようと必死で持っている豆（丸めた新聞紙やボールなど）を投げたり、鬼を寄せつけないように逃げたり隠れたり泣き出す子もいます。どの姿もその子にとっての正直な心の現れです。外見的には「鬼が退治できてよかったね」と福の神が後から現れたりしますが、その内面には邪気を払う、季節の変わり日や春の訪れを知るなど保育者が伝えたい願いが込められています。園以外でも、地域でお祭りがあると、翌日には、御神輿の真似をしてみたり、屋台の売り手の真似をしたりする姿が見られます。行事をただのイベントとしての集いではなく、伝承していく行事として、ていねいに伝えながら子どもたちの園での生活に取り入れていきたいと思います。

　各保育園や家庭で、子どもにとっての伝承行事について今一度ていねいに考えていく機会を設け、2歳児にとっての伝承行事のとらえ方や感じ方を大人（保育者、家族）がどのように受け止めるか、行事によって育ってほしい姿をしっかり検討できる機会があるかが大切だと思います。また、2歳児になると、たとえば「明日はおひなさまを飾ろうね」と保育者が話すと、「あした？」と聞いてくる姿も見られるようになります。時間的な感覚を持ち始める子どもたちが少しでもイメージを持ちながら心待ちにできる伝承行事にしたいものです。

　しかし、子どものために取り入れる行事が、子どもの負担になってはまったく意味があ

4 伝承行事

りません。大人の目線、子どもの目線に立って行事そのものの扱いについて各保育園で議論されることを願います。また、各クラスに在籍するさまざまな国籍の子どもたちの文化や慣わしを保護者に聞いて理解して共有することや、子どもたちに伝えることも大切なことだと思います。

　私たちが子どものころ心動かされた体験や、楽しい思い出として残っている経験を後世に語り継いでいくことはとても大切なことであり、保育園や地域社会の役割であると思います。保育園では、各年齢に合わせて行事の由来や伝えたいねらいを職員間でしっかりと話し合い、一年間を通して四季折々のさまざまな行事を継承していくことができるようにしてほしいと思います。

5
玩具・遊具

　みなさんの園では、どのような玩具、遊具を用意していますか。ここでは、既製品の中でも人気がある木製玩具のよいところと手作り玩具について触れてみます。

木製素材の魅力

　木製玩具は、まず、手に持った時に木のぬくもりを感じることができます。すべすべしていたり、ざらざらしていたり……、そう思って見ていると、木目がいろいろな形に見えることもあるかもしれません。新しいものであれば、木の香りがするのも心地よいです。柔らかい木もあれば固い木もありますし、暑い日、寒い日に応じて冷たく感じたり、温かく感じたりします。古くなった木は、色が変わり、風格も出てきます。木と木がぶつかれば、まろやかな音も聞こえてきます。丈夫で壊れにくい、口に入れても安心、やがては土に還るエコな素材、インテリアによくなじむなど、さまざまなよさを感じているからこそ、棚やキッチン用品、遊びを彩る小物、積み木やパズル、連結汽車などを、高価でも購入しているのではないでしょうか。

　最近では、木の魅力が存分に楽しめる『おもちゃ美術館』などが全国に広がっており、そうした所へ出かけてみるのもよいかもしれません。

手作り玩具のよさ

　次に手作り玩具のよさについて考えてみました。
①子どもの発達や成長、やりたいこと、ものに合わせた目的で作成することができる。
②使い方が一つとは限らない。
③柔らかいものからある程度固いものまで作ることができる。
④こわれた場合には、修理ができる。
⑤使いたい素材、色などを自由に選んで作ることができる。
⑥心がこもっている感じを与える。愛情を感じる。温かみが伝わる。人のぬくもりを感じる。
⑦あり合わせのものでも作れることがある。
⑧制作期間が必要で、材料も用意する必要がある（ワクワクしながら楽しんで作ることができる）。

⑨素朴さが魅力になるものもある。
⑩素材を感じることができる。
⑪質感、機能、デザインを自由に考えて作ることができる。
⑫安全で衛生的な物が作れる。
⑬手触りがよい。
⑭想像力が育つことにもつながる、などなど。

　そして、手作り玩具には、自分で想像しながらくふうして動かす中で、自由に形を変えながら他のものと組み合わせるなど、豊かな遊びが繰り広げられることも多いのではないでしょうか。ご参考のために園にある2歳児クラスの手作り玩具を一部紹介します。

ままごと遊びのメニュー表

子どもの作った人形・病院とシャワー（お風呂場）・携帯電話

電車を走らせよう

作った電車も紐や線路で走らせます

第5章　豊かな保育をするために

自分だけの空間づくり・囲い

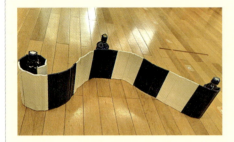

引き車

パーツを変えれば変身します

壁面を利用したいちご入れ

部屋でバナナ狩り

稼働遊具：凹んだ所に座って乗り物に

階段を利用した滑り台

6

インクルーシブ保育

「インクルーシブ保育」の実践が私たちの大事な課題になっています。その理念をひと言でいうと、「子どもたちは障がいの有無や年齢、性別、国籍等々さまざまな特性を理由に、保育の場から誰ひとり排除されない」ということです。そこで目指す実践は、「一人ひとりの声が尊重され、多様な子どもがいるからこそ互いに影響しながら豊かに育ちあっていく保育」と言われます。子どもにとっては、「いつでも安心して自分らしさを発揮して、楽しい園生活をすごせる場」ということになります。

「いろんな子が一緒にいるのがあたりまえ、それが子どもにも大人にもプラスになるし、楽しくもなる保育園」ということでしょうが、かんたんなことではないというのが実感です。近年、公立保育園には多様な背景や特質を持った子どもたちの入園が増加してきています。「子どもの権利条約時代」が求める保育の課題を学ぶこと、それに応える新しい実践の創造が求められています。

インクルーシブ保育と２歳児

子どもの個性が際立ってくる２歳児。"イヤイヤ"を含め、保育者はその子に合わせた対応をしています。「目の前にいる子には何が必要かな？」「気持ちよく気持ちを切り替えられるには？」などなど、よく考えて対応しないと思った以上に時間がかかってしまう難しい年齢でもある２歳児。支援の必要な子どもであっても、国籍の違いで言葉がよくわからない子どもであっても、「その子に合わせた対応を」と考えれば何も変わらないのかもしれません。

子どもたちの世界から見るとどうでしょう？　どの年齢にも言えるかもしれませんが、障がいがあるとか、外国にルーツがあるとか、子どもにとって特性の違いは関係ありません。対等に関わって、相手を感じとって、自然とコミュニケーションをとれるようになっていきます。その中でも２歳児はとくに、関わってみて相手を感じ、感じたままに関わるからこそ対等に張り合ったりすることもあります。大人は頭で考えて相手の違いに自分の価値観で関わってしまいがちですが、２歳児は、違いを違いとして"評価を抜きに"普通にインクルーシブの世界を生きている時代とも言えないでしょうか？

とあるクラスをのぞいてみました。

133

第5章　豊かな保育をするために

　支援児の子が2名、外国にルーツのある子が3名の20名の2歳児クラス。言葉のまだ出ていないたいちゃんがぺこりとおじぎをして部屋を出ていきました（おじぎは、たいちゃんのサインです）。他の子がその姿を見て「せんせい、たいちゃんが廊下にいってるよー」と教えてくれました。保育者は「ほんとうだ。たいちゃん廊下にいきたかったんだねー。教えてくれてありがとね」と後ろからついて行ったのですが、途中で振り返って「みんなはどうしたい？」とのぞいていた数名に聞いてみました。「いくー」と言ってとびだしてきた子どもたち。廊下の絵本コーナーで好きな本を手にしたり、廊下に出された遊具で思いっ切り遊んだりしていました。その中で、たいちゃんは大きいクラスを順番にのぞいては、気に入った子や保育者を見つけて楽しんでいました。

　子どもたちは、たいちゃんがぺこりとおじぎをすると部屋を出ていくのを知っています。日頃から、一緒に生活し関わりながら言葉以外でも感じとっています。そして、保育者がいつもたいちゃんがどこかに行くときはついて行っていることも知っているので教えてくれたのです。そんなとき、保育者がたいちゃんの気持ちを代弁し、みんなの気持ちに「ありがとう」と受け止めています。

　のぞいていた子どもたちはどうでしょう？　勝手に廊下に行ってはいけないことも知っています。本当は「たいちゃんは、いいなー」と思っていたかもしれません。そこに、保育者の「みんなはどうしたい？」の言葉。自分たちの思いも気づいてもらえたのです。そして、たいちゃんも他の子どもたちも満足するまで遊びが保障されています。誰かが特別ではないのです。みんなが、それぞれに「特別」だといいですね。

　普段、足に補装具をつけている2歳児のあおくん（運動遊びの際は補装具ははずします）。別のグループがやっている斜面のぼりをやりたいとやってきました。危ないかなと思いましたが、あおくんはあきらめません。少しでも手を貸そうとすると「ジブンデ！」と玉の汗をかきながらも何度も挑戦します。保育者はそばで危険のないように見守り、何度か繰り返したのちにやっと頂上にたどり着きました。反対側の斜面からすべり降りるときには下にいる子に「あぶないから、どいてー」と他の子と同じように言ってからすべり降りていき満面の笑顔。そのあと、何度も何度も繰り返していました。

　何でもみんなと同じことをやってみたいという気持ちを大事にしたいと考えていた担任からは、「他の子ども以上に体力を使うと思うんです。それでも、やりたいと思う子どもの気持ちはすごいなと思います」との言葉がありました。

　やりたい気持ちに寄り添い、危険かもしれないけど、「ジブンデ」という子どもの気持ちを大事にして手を貸さない保育者は我慢も必要ですね。そして、「子どもの力はすごい！」

134

と言えるところも素敵です。

　目の前にいる子どもが今、何を求めているのか、そのうえでどこまで手助けしてあげるのがその子の願いに応えることになるのかの見極めが、一番大切なのではないかと感じました。そんなふうにすべての子どもが保障してもらえることがインクルーシブといえるのではないでしょうか？

　先の事例で保育者が「あら、たいちゃんだめよね」という対応をとっていたらどうでしょうか？　子どもたちは「かってに廊下に出て行くたいちゃんは、よくないたいちゃん」という受け止め方をしてしまうかもしれません。日々の保育の中で、無意識に表現されている言葉により、子どもの価値観が決まってしまうことがあります。だからこそ、保育者の価値観・人間観などが問われているのだと思います。個々の特性は特性としてだけ"認知"して、誰とでも隔たりなく関われる２歳児の姿から学ぶこともたくさんあります。

保育園はそもそもインクルーシブ社会

　自分のつもりや思いどおりにいかないことに"イヤイヤ"とだだこねしたり、かんしゃくなどを起こす。もちろん他者との違いによるぶつかり合いもひんぱんに起きる時期です。自我が拡大してくるのと、外の世界（もの、こと、人）との関わりが急速に広がってくるときですから、そうした"もつれ"が生じるのは成長の証です。保育者は子どものもつれている気持ちをまずは受け止めて、なだめたりもつれをほどいてあげる手助けをていねいにするわけですが、そのとき、自分の思いどおりにならないこと、イヤだという気持ちをその子が自分自身でコントロールしていく力を育んでいく視点がたいせつです。同時に、この時期は「一緒が楽しい」を感じ始める時期でもありますが、一方で、それぞれに特性があることを感じとっていくことも大切ではないでしょうか。「支援児」かどうかにかかわらず、２歳児は全員支援が必要な子どもたちなのです。いや、子どもたちはみんな、大人だってそうです。誰もがそのときそのときでそれぞれの手助けを必要としています。助けたり助けられたりしながら、誰ひとり取り残さない生きやすい社会をつくるというのがインクルーシブの理念です。

　保育の場は、誰もがいつでも、困ったときには手を差し伸べられ、安心感に包まれて自分のやりたいことを満足するまでやれるところです。保育者はその子に則して安心して納得できる参加の仕方を大切にします。そのためには、子どもと対話しながら、日々の生活や活動を子どもと一緒につくっていくことが求められます。

　幼い頃からそんな環境のなかで育つ子どもたちは、きっといろいろな人がいることをあたりまえと感じ、困ったときは「たすけて」と言うことができ、困っている人には自然と手を差し伸べることができる「共感力」の源が育っていくのではないでしょうか。

　２歳児はそんな「共感力」が育つ出発点に立っているのかもしれません。

7

ビデオを用いた保育研修

今の子どもたちを知ること

2歳児の子どもたち一人ひとりの眼の動きを見ていると、実にいろいろなところをとらえているのがわかります。朝玄関で靴をはき替えるとき「○○ちゃん来てる？」と友だちの靴があることをお母さんに伝えている子がいます。つまり、靴があることと友だちがすでに園に来ていることがつながっていて、それを理解しているわけです。

また、廊下で部屋から聞こえてくる先生の声だけを聞き「○○先生いるね」とうれしそうな声を出したり、支度をしながら並んでいる友だちのタオルの柄を見て「わたしのと同じだねー」と気づいたり、給食室からいい匂いが漂ってくると「あっ今日はカレーかな」と言ったり、子どもたちは常に五感を働かせ、さまざまなことを見て、聞いて、感じて言葉にして過ごしています。部屋の中では、どこで誰が何をして遊んでいるのか、先生は何をしているのかよく見ています。

また、家族旅行に行き、温泉に入ったりバーベキューをした経験を遊びの中で部分的に再現したり、この数日間で見た大きい子の遊びを今日は自分がやってみたり、洗濯物を干すお母さんの姿を見ていて、今日のごっこ遊びで同じようにやっていたり、家族の間でよく使われている言葉や、担任の先生の使う言葉を真似してみたり、見たり聞いたりしたことを自分の中に取り入れたりしている他、ハサミやのりを使ったこと、色水遊びをしたこと、しっぽ取りゲームをみんなでやったこと、新しい体操や手遊びをしたこと等すべてのことが、毎日毎日積み重なっていきます。一人ひとりの子どもは手持ちの力で今を精一杯生きながら、その子の育ちの物語を日々紡いでいます。

とはいえ、私たちは何十人もいる2歳児の子どもたち一人ひとりの思いや育ちの物語を把握しきれないのが現状です。しかし知らなければ個々の子どもたちに即した配慮や援助がわからず、子どもたちがやろうとしていることを理解していくことはできません。

そこで、園で行なっている保育会議やクラス会議、保育研修、園内研修において、子どもたちを知る手がかりの一つとしてビデオを活用した方法を紹介します。

ビデオに撮ってみる

研修を行う際、ビデオを用いている園も多いかと思いますが、ビデオは活用の仕方で子どもたちのこと、保育者自身の振り返り、また環境の見直し等にとても有効であると思い

ます。子どもたちのことがよくわかっていて、クラスの課題解決や一人ひとりの子どもたちの新たな一面をみんなで共有したい時などは、子どもたちのことがよくわかっている2歳児の担任が撮るのがいいと思います。また、周りから2歳児クラスが見えている園長、副園長（主任）フリー職員等は、クラスの状況を担任がさらに細かく把握することが目的であったり、改めてクラスを振り返ってほしい時には有効だと思います。

　外部研修等では、外部の方が撮るビデオで、クラス担任や園の職員が見えていないこと、思いもしないことが見えたりします。さまざまな場合や状況により、撮る人や撮る目的は変わると思いますが、園全体で状況を確認しながらそのねらいや目的をとらえて、それぞれが請け負っていけるといいと思います。研修ですぐに役立つものとして使用していきたいのであれば、次の点に気を付けて撮るようにします。

知りたいことを明確にする

　まずは、ビデオを撮る目的が何かをしっかりと決めるということです。子どもたちについてなのか、保育者についてなのか、子どもたちであれば1人の子どもなのか、全体の子どもたちなのか、また保育者ならば、動きなのか、立ち位置なのか、配慮や援助、対応の仕方なのかなどです。そこを決めることで、継続で撮るのがいいのか部分的にその場面を撮ればいいのかなども自ずとはっきりしてきます。

子どもたちの遊びがテーマのとき

　たとえば、遊びがなかなか継続しない、次つぎと代わってしまうということが今、2歳児クラス内で気になっているのであれば、ある程度の時間、30〜50分くらい撮るといいでしょう。どこで誰がどのような遊びをしているのか、集中して遊んでいる子の姿や、すぐに遊びが移っていく子の姿や、一人ひとりが何で遊んでいてその遊びから何をしたがっているのかなどが撮れるといいと思います。またあわせて、大人の関わり方や、遊びに対しての配慮をしている場面や、発展させてあげるためにどのタイミングでどう動いているのかなども撮るねらいになります。

保育者の対応がテーマのとき

　クラスの保育者がどのような保育を行なっているのか、また子どもに対する対応や声がけなどを知りたいときは、遊びで子どもたちと関わっている場面の他、生活部分でのビデオも撮ると課題がよく見えます。生活部分に関しては、着脱はどのような手順で行なっているか、どこの部分を援助しているか、また食事の際の介助の仕方や声のかけ方などが撮れるとお互いに勉強になります。保育中はどの保育者も保育をしているため、同じ2歳児クラスの担任同士であってもお互いの子どもへの対応の仕方を知ることがなかなかできな

第5章　豊かな保育をするために

いので、いい機会になると思います。

生活部分を撮るとき

　生活部分のビデオは、子どもたち一人ひとりの成長も見ることができます。撮るポイントを絞れば、子どもの手指、手首の動かし方、姿勢、体の使い方などを確認することができます。食事であれば、食具の持ち方なども見ることができます。食事中の口の動かし方などに焦点をあてて撮れば、かじりとりができているのか、奥歯でよく噛んでいるか、丸呑みになっていないかなど、一人ひとりの子どもたちの状態が把握でき、2歳児の今の子どもたち一人ひとりに、どういった配慮や援助が求められているかも明確になります。

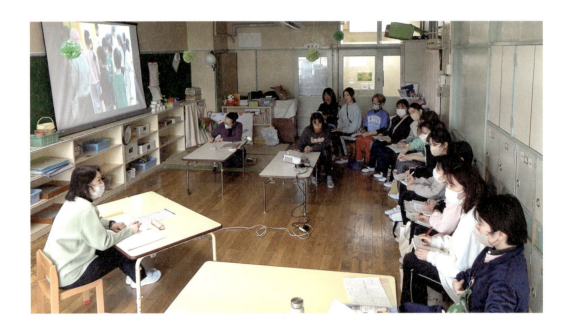

その他

　ビデオの面白いところは、子どもたちの視線の先が見えるところです。子どもの顔ばかりを撮っていると視線の先はわかりませんが、もし何かを見ている姿があれば、視線の先も撮ると子どもたちの思いや興味、関心を持ったことが見えてくるかもしれません。

　またビデオを撮る際に注意したいこととして、子どもたちの遊びを邪魔しないように、子どもとの距離に気をつけて撮ること、子どもたちがビデオを意識してしまわないように静かに撮るようにします。年齢によっては、ビデオを撮る理由を伝え、子どもたちに了承してもらうことも必要かと思います。2歳児くらいですと逆に意識してしまう子もいるために、子どもたちに合わせた対応をすることが求められます。

撮ったビデオから何を観るか

　ビデオを観る際にどこに注目すればよいでしょうか。たとえば、最初に挙げた「遊びが継続しない、次つぎと代わってしまう」ということで撮ったビデオでしたら、子どもたちの遊びの様子から、みんなが手にする玩具は何か、どのような遊び方をしているか、玩具の配置、数、種類、コーナーの作り方はどうか、個々の発達に合った玩具が揃っているのかなど、みんなで見えたことを出し合うとよいと思います。また、保育者の対応のところでは、なぜこの時点でこのような声がけや援助をしたのかなど、保育者の思いを話してもらったり、2歳児では乳児クラスとして生活部分で見えたことを担任間で同じようにすることが必要なのかなども話し合いのテーマにすることもできます。ビデオから見えた子どもたちの個々の発達の状況を共有し、どの保育者が対応しても子どもが戸惑わないようにしていけるといいと思います。

ねらいに沿って見ていく

　まずは、ビデオを撮ったねらいに沿って見えたことを、職員間で出し合うことからはじめてみてください。出し合ってみると意外とみんなが見ているところが違ったりします。それだけ一人ひとりの保育者は、見方や考え方、感じ方がそれぞれ異なることがわかり、自分が思っていることが必ずしも当たり前ではないことにも気づきます。他の保育者の考えや思いを知ることや、子どもたちについての理解の仕方や、保育で大事にしているところなどもわかる機会となるわけです。他の保育者のことがわかれば、相手に対して、「どうして？」と思うことも少なくなり、お互いを尊重できる職員関係が築けていけるはずです。

　また何度かビデオを繰り返し観ると最初に見た時には見えなかったこともきっと見えてくるはずです。何度か繰り返し観ることもお勧めします。ビデオを観る際には、このようなことも視野に入れていくと有意義な時間になります。

最後に

　2歳児は、言葉で表現することがまだまだ未熟であり、自分がやりたいことや、してほしいこと、なんだかわからないモヤモヤした気持ちや、自分の中の思いを大人や友だちに言葉で伝えることを日々の積み重ねの中で獲得しようとしている時期です。この時期だからこそ、子どもたちが今何を見て、何を思い考えているのかを知るうえでビデオを用いた保育会議や研修は、とても有効なものだと思います。子どもたちへの配慮や援助を担任間で確認し、共有できることで、クラスの環境の見直しに役立てることができること、場合によっては、保護者会等で子どもたちの園での様子や姿を知らせるためにも使えます。携わる先生たちがやりやすい方法で、ビデオを用いた保育研修をぜひ取り入れいただき、保育現場で子どもたちについて大いに語り合い、議論されることを願っています。

第6章
2歳児保育の実態調査

2歳児保育の実態調査の結果です。都内公立545園の前年度及び現2歳児担当者に依頼し、928件の回答がありました。内容は、保育体制、保育環境、生活に関することからヒヤリハットまで全般にわたります。今後、自園の保育を検討する際の参考資料として活用してください。

第6章　2歳児保育の実態調査

アンケート調査の概要　作成から集計まで

○アンケートの作成

　新0歳児保育の実際（2017）、新1歳児保育の実際（2022）に続き、新2歳児保育の実際においても、保育の実態調査を行ないましたので、その結果を掲載いたします。また、紙面上全ての項目については掲載できませんでしたので、ご了承ください。

　調査については、現在の保育の実態を知り、保育の質向上につなげることを目的としました。また、これまでの調査から見えてきたことが現在の2歳児保育につながっていることや、幅広く公立保育園の実態が明らかになる貴重な資料であることを確認しました。調査が話し合いのきっかけの資料となり、保育につなげていただけることを願っております。

○実施方法

　2024年8月1日に東京都公立保育園研究会より各園にアンケートフォーム（Googleフォーム）をメール配信し、9月末を締め切りとして回収しました。

○回答数

　21区、545園に依頼し、回答は前年度2歳児担当および現2歳児担当の先生方にお願いしました。928件の回答がありました。

○集計

　自由記述については、同様の内容をカテゴリー分けし、典型的な回答を提示しています。アンケートの整理は公立保育園研究会の岡野さんが担い、自由記述の整理は編集責任者の方がまとめています。

○アンケートの内容

　新1歳児保育の実態調査内容を踏まえながら、責任者の先生方が中心となり、各グループで出てきた意見等も加えながら検討しました。それらを以下の4つに分類しています。

Ⅰ 「2歳児保育の体制」
　1　1クラスあたりの子どもの人数
　2　1クラスあたりの正規職員の人数
　3　少人数保育・担当制
　4　支援児

Ⅱ 「2歳児保育の環境」
　1　手作りおもちゃ
　2　造形的なもの
　3　絵本
　4　保育室
　5　散歩

Ⅲ 「2歳児保育での身の回りのこと」
　1　食事
　2　排泄
　3　昼寝

Ⅳ 「2歳児保育での怪我・ヒヤリハット」
　1　怪我・ヒヤリハットの実情
　2　発生時の対応

I 2歳児保育の体制

1 1クラスあたりの子どもの人数
- 1～12人　　13.8%
- 13～18人　49.6%
- 19～24人　35.0%
- その他　　　1.5%

2 1クラスあたりの正規職員の人数
- 正規職員1名　　0.5%
- その他　　　　0.2%
- 正規職員2名　　12.4%
- 正規職員3名　　47.4%
- 正規職員4名　　32.8%
- 正規職員5名以上　6.5%

3 少人数保育・担当制

少人数保育または担当制は行なっているか
- 少人数保育を行なっている　36.5%
- 担当制を行なっている　　　39.0%
- 行なっていない　　　　　　24.5%

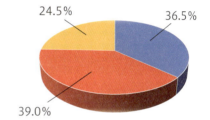

子どもへの関わりの範囲
- 生活と遊びのすべて　31.9%
- 生活　　　　　　　　16.2%
- 遊び　　　　　　　　7.1%
- 部分的　　　　　　　16.7%
- 行っていない　　　　23.2%
- その他　　　　　　　5.0%

行なう期間
- 2歳児クラスの途中まで　23.8%
- 2歳児クラスの最後まで　45.2%
- 行っていない　　　　　23.9%
- その他　　　　　　　　7.1%

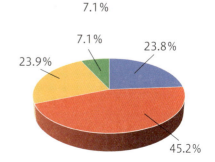

第6章　2歳児保育の実態調査

グループの分け方
- ■ 月齢　　　　　　15.3%
- ■ 子どもの発達　　33.8%
- ■ 進級児と新入児　4.1%
- ■ 担当との相性　　4.6%
- ■ 行っていない　　24.1%
- ■ その他　　　　　18.0%

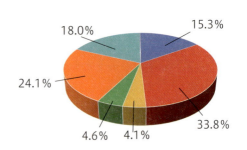

1グループの人数
- ■ 2人　0.1%
- ■ 3人　1.7%
- ■ 4人　5.9%
- ■ 5人　27.7%
- ■ 6人以上　53.0%
- ■ その他　11.5%

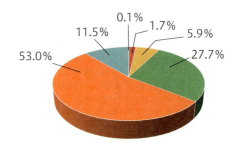

少人数・担当制を行なうにあたっての職員間の連携の仕方・工夫など（自由記述）
【会議】
・クラスで話し合う時間を設定し、子どもの様子を共有する
・お互いのグループの情報交換や個人カリキュラムをみんなでたてる
・担任だけでなく、保育補助に入る職員にも情報を共有する
【記録】
・連絡ボードや確認ノートの活用
【職員間のコミュニケーション】
・休みで担当が変わるときの情報共有、子どもにも伝える
・担当以外の連絡ノートもしっかり読む
・全体の安全確認のため、いつどこで誰が何人見ていると声を掛け合う
・担当制であっても全職員が全員の担任という意識を持つ
【かかわりの配慮】
・集団で過ごすことにストレスがある子どもへの共通理解をする
・初めは5名ほどの集団から後半は10名ほどに増やす
・全体が重ならないように時間配分をしたり、時間差をつける
・月齢や子どもの興味に応じて活動を分ける
・子どもが分かりやすいようにグループにマークをつける
・子どもの集団は固定で、保育者が変わる
・遊びは全体で見て、生活は担当制にするゆるやかな担当制

少人数・担当制を行なっていない理由と職員間の連携の仕方や工夫（自由記述）
【体制や環境】
・子どもの在籍が少ないため、職員みんなで全員を見ている
・正規職員の欠員、経験年数によりうまく分けられない
・狭い環境の中で自由に遊びを楽しめるようにするため
・配慮が必要な子が多いため
・子どもが主体的に好きな場所を選んで、保育者が合わせて動くので、分けると制限がある
・保育園の構造的に行なえない
・保育者全員がクラス全体について把握するため
・担当を決めると子どもの興味や思いに沿えなくなることがあるため
【デメリットの回避】
・生活習慣の自立に向けて、一人ひとり丁寧に見ていくことができるため
・子どもの様子が把握しやすい
・子どもの願いをかなえることができる
・少人数でなくても円滑に保育がすすめられていたから
・様々な子どもと関わる中で、誰が関わっても安心して過ごせるようにするため
【必要度】
・その日の活動内容や子どもの遊びの様子を見て行なうこともある
・とくに決めず、子どもが求める保育者が対応している
・生活面に時間差をつけているので、あえてきっちりとした担当制にしていない
・散歩を半数に分けたり、必要に応じて個別対応している
【その他】
・上司に言われていない
・必要性を感じない
・どのように進めたらよいかわからない

4　支援児

認定を受けた支援児

- 1人　　　22.1％
- 2人　　　5.4％
- 3人以上　1.8％
- いない　　70.7％

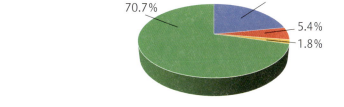

支援児に対する保育者の加配

- 支援児1人につき1人　19.0％
- 支援児2人につき1人　3.6％
- 加配されていない　　37.8％
- その他　　39.7％

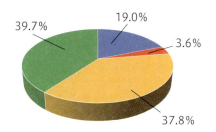

第6章　2歳児保育の実態調査

Ⅰ　2歳児保育の体制

　「1クラスあたりの子どもの人数」では半数近くが13人から18人であり、1人から12人という少人数のクラスも1割以上ありました。また、「少人数保育または担当制は行なっているか」を見ると7割以上が少人数保育か担当者制であり、その半数近くが2歳児の終わりまで同じ体制であることがわかりました。子どもの姿の共有や担当者制であっても全職員で関わっていくことを確認しながら進められているようです。今回の調査でわかった2歳児保育の体制については、『新1歳児保育の実際』(2022) のアンケート結果と比較しても大きな差は見られませんでした。1歳児クラスの体制の環境とあまり変化がない環境で2歳児の子どもたちが過ごしている園が多いことがわかりました。

　（参照：第1章のエピソード10「三輪車大好き」では、少人数保育であったからこそ子どもの要求に対応できたエピソードについて書かれています。）　　　　　　　　　　　　　　　　（源）

Ⅱ　2歳児保育の環境

1　手作りおもちゃ

手作りおもちゃの有無
- ある　87.3%
- ない　12.7%

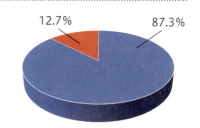

手作りおもちゃはどんなものを作っていますか（自由記述）
【おままごと】食材（おてだま・チェーリング・花はじき・ジュース・チラシのメニューなど）・エプロン・バック・スカート・おんぶ紐・人形洋服・ぬいぐるみのベット
【段ボール】自動販売機・電子レンジ・積み木・パタパタ・カースロープ・家
【牛乳パック】車・マルチパーツ・椅子
【指先あそび】スナップ付きフエルト・ボタンはめ・ひも通し・ポットン落とし・洗濯ばさみカード
【楽器】マイク・太鼓・ギター
【人形】一人一体の人形・
【その他】お医者さんグッズ・感触あそび・磁石の釣り・子どもたちが登れる頑丈なトンネル・スライム・パーティション・ホワイトボードにマグネットをつけるパズル・ラミネートのカード

2　造形的なもの

子どもが絵を描くときに使う主な画材
- クレヨン　83.0%
- 水性ペン　6.1%
- 色鉛筆　3.8%
- 絵具　0.8%
- その他　6.4%

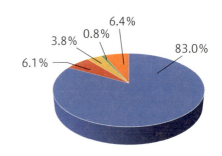

146

ハサミはいつ頃から使用するか

- 春頃　1.3%
- 夏頃　9.6%
- 秋頃　31.4%
- 冬頃　57.8%

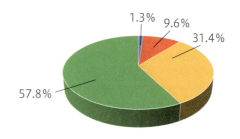

3　絵本

絵本の置き場所

- 保育室内の絵本コーナー　97.6%
- 多目的ホール内の絵本コーナー　0.1%
- 2歳児専用の置き場所はない　1.0%
- その他　1.3%

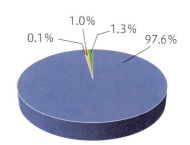

絵本は子どもが自由に棚から出して見ることができるか

- 自由に出して見ることができる　98.0%
- 自由に出して見ることはできない　1.0%
- その他　1.0%

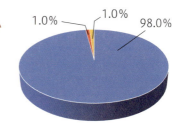

常時置いてある絵本は何冊位か

- 1〜15冊　32.9%
- 16〜30冊　53.2%
- 31冊以上　13.6%
- その他　0.3%

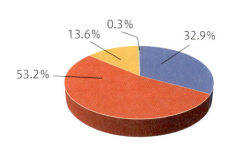

子どもが保育者に絵本を読んでと求めるとき（自由記述）

- いつでも　自由あそびのとき　本を読んでもらいたいとき
- 新しい絵本に変わったとき　好きな本があるとき
- 表紙やイラストに興味がでたとき
- 内容に興味があり、どんなお話か知りたいとき　何か知っていることとつながったとき
- 少し難しい本を読んでほしいとき　自分では読めない本のとき
- 他のあそびが見つからないとき　暇なとき
- 繰り返しの本やことば遊びの絵本で一緒に楽しみたいとき
- 内容を共感したいとき

- 少人数のとき
- 会話にでてきた内容にあった本を見つけたとき
- ごっこ遊びが楽しくなってきたとき　絵本の世界を楽しみたいとき
- 保育士と一対一で過ごしたいとき　安心したいとき
- 甘えるように膝の上に座りたいとき
- クラス内がザワザワしていたりして落ち着きたいとき
- 生活の節目や遊びが途切れる時（朝夕保育・食事、おやつ前後、着替えのあと、昼寝前など）

4　保育室

4月当初、常時設定してある室内のコーナーの数

- 1つ　7.5%
- 5つ以上　4.7%
- 2つ　15.4%
- 常設していない　6.0%
- 3つ　33.0%
- その他　1.1%
- 4つ　32.2%

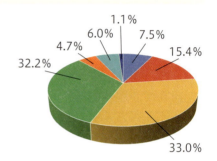

コーナーの内容（自由記述）

【コーナーの種類】
　・静かに座って遊べるコーナー・ごっこ遊びコーナー・机の上で遊べるコーナー・製作コーナー・体を動かせるコーナー・低月齢児・高月齢児に分かれて遊べるコーナー・ゆったりくつろげるコーナー

【コーナーに設置している玩具など】
　・ままごと玩具、ごっこ遊びの衣装等・ブロック・積み木・絵本・プラレール・木製汽車・パズル・お絵描き、造形あそび、ぬりえ・ミニカー・手先を使った玩具（紐通し等）・マルチパーツ・粘土・磁石ボード・マグフォーマー

食事の場所と昼寝の場所

- 同じ部屋の同じ場所　13.5%
- 同じ部屋だが、食事の場所とは異なる場所　50.5%
- 違う部屋　36.0%

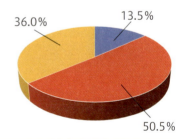

保育室の光や音などについて配慮している点や工夫（自由記述）

【光】
- 必要に応じて、カーテンや遮光ネットを使用する
- 午睡中は、電気をつけて午睡中の園児の顔が見えるようにしている
- 食事の時間から、少しずつ電気の光を弱くしている
- グリーンカーテンを作っている

・ステンドグラスやセロファンを貼って光の色を楽しんでいる
・布で照明が柔らかい光となるようにしている
・間接照明や自然な明るさを取り入れている
【音】
・隣の保育室と音が混ざり合わないように、扉を閉めている
・防音効果のある素材を壁に貼っている
・声の大きさを視覚でわかる絵（図）を貼っている
・大人の喋る声の大きさに気をつけている
・少人数に分かれて生活するなど、音に敏感な園児には、個別対応をしている
・電子音はできるだけ避けて、人の声の心地よさを大切にしている
・風鈴・オルゴールなどの音色で落ち着くようにしている

保育室内に子どもがくつろげる場所

■ 作っている　　　　33.9％
■ 必要に応じて作る　48.9％
■ 作っていない　　　17.1％

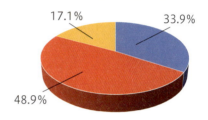

子どもがくつろげる場所を常設している場合の理由（自由記述）
【理由】
・長時間保育の園児への配慮
・ひとりになりたい園児への配慮
・クラスの人数が多く、落ち着かないため
・気持ちの切り替えができるように
・家庭雰囲気を大切にして、ホッとできるように
・疲れた時、眠い時、体調の悪い時に寝転がれるように
・静かに自分の遊びを楽しめるように
・心の安定、体の休息
・要支援児のために必要な空間として設定する
・親入園児など、生活リズムの違う園児に対応するため
・子どもだけの空間を作るため
【方法】
・座ったり、寝転んだりできるスペース
・マット・クッションフロアを敷いてスペースを作っている
・折りたたみの仕切り、パーテーションを使用している
・段ボールの家を設置している　・長いクッションを置いている
・常設はできないが、必要な時にマットやござを敷いている
・数名が座れる手作りの椅子・ソファーを設置
・押し入れ下の空間を利用
・絵本コーナーが、くつろげるスペースになっている
・一人で落ち着けるスペースを作っている

第6章　2歳児保育の実態調査

子どもの好きな場所（自由記述）
【位置的な環境】
・狭い場所や部屋のすみ
・廊下や外が見えるところ、日の当たる窓際
・好きな玩具や遊具があるところ
・自分の席、ベンチなど落ち着けるところ
【環境構成】
・静かなところ
・子どもが遊びたいイメージに合っているところ
・絨毯やマットなどが敷いてあるくつろげるところ
・フローリングなどの広いスペース
・ままごとコーナー
・絵本コーナー
・押し入れなど囲われたところ

5　散歩

散歩の頻度

■ ほぼ毎日　4.0%　　■ 1か月に2回程度　20.4%
■ 週3回程度　12.7%　■ ほとんど行かない　16.3%
■ 週1回程度　35.0%　■ その他　11.6%

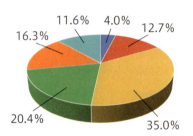

散歩で大事にしていること（自由記述）
【戸外での経験】
①運動面
・歩く経験（歩行の完成）
・足腰の発達を促す、全身運動
・体力向上、活動量の充実
・園にはない固定遊具で遊ぶ経験
・子どものイメージから遊びを広げて、ごっこの世界を楽しむ
②情緒面
・満足感、好奇心を満たす
・気持ちの発散・気分転換（解放感を味わう）、リフレッシュ
③自然との触れ合い
・探索、発見による五感の刺激
・季節ごとの自然に触れ、景色や音を楽しむ
・季節のうつりかわり・街・生き物・植物の変化を感じる
④地域との触れ合い
・コミュニケーションにより、地域に親しみをもつ
・挨拶による交流

【危機管理・安全面の配慮】
・散歩のねらい（目的）を明確にする
・下見（車の往来、危険個所の把握）
・人数把握・確認、動きの予想
・ルール（公共施設・交通・遊具の遊び方）とマナー
・発達、対象年齢に適した遊具の使用
・集団での移動、手をつなぐ
・発達差を考慮して距離や目的地を設定
・ペース・時間配分、保育者の立ち位置や声の掛け合い
・体調・体制・体力面の配慮
・遊びだす前の現地の確認（たばこの吸い殻やゴミ、動物のフンが落ちていないか、不審者はいないか、遊具の点検…濡れていないか、など）
・散歩届の事前提出
・靴が子どもに合っているか、身だしなみは問題ないか

【保育者のかかわり方】
・傾聴、共感、子どもの目線を大切にする
・興味・関心、感性を育てる
・子どもたちの小さな発見に寄り添い応えていく
・保育士間で情報の共有
・道中での会話や環境（花や草）を楽しむ
・子どもたちが見通しをもって活動できるようにする

II　2歳児保育の環境

　9割近くの園に手作りおもちゃがあり、指先を使う遊びやごっこ遊びに関係するおもちゃが多くを占めていました。また、手作りおもちゃのよさについては、温かみがあるとの回答が多くみられ、手作りであるからこそ、「適したサイズ、種類にできる」や「子どもの興味に合わせられる」こと、「壊れても作り直すのがかんたん、危ないものを除いて作ることができる」こと、「大人の手だけでなく、子どもたちと一緒になって作ることができる楽しさ」といった回答も見られました。第5章の「玩具・遊具」の項も参考にしていただき、子どもの玩具について遊びながら職員間で話し合うのもいいかもしれません。

　絵本に関しては、保育室内に絵本コーナーがあり、ほとんどの園の子どもが「自由に出して見ることができる」ことがわかりました。また、常時「16冊から30冊」と「31冊以上」の回答を合わせると7割近くあり、充実していることが伺えます。今回調査できませんでしたが、「同じ本が読みたい」「同じページを一緒に開きたい」という姿が見られる時期であることから、すべて異なる絵本や図鑑がよいか、あえて同じ絵本や図鑑等を用意するかなども検討していきたいところです。
（参照：第4章エピソード3では、絵本を通して子どもたちが楽しく散歩する姿があります。）（源）

Ⅲ 2歳児保育での身の回りのこと

1 食事

食事介助児の保育者の配置（保育者を1とした場合）

- 1対3　　3.8%
- 介助しない　0.2%
- 1対4　　9.6%
- その他　7.4%
- 1対5　　31.5%
- 1対6　　47.5%

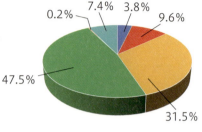

食事は一斉に食べているか

- 一斉に食べている　　51.2%
- 家庭での状況にあわせて食べたい子どもから　5.2%
- 時間差で食べている　40.9%
- その他　2.7%

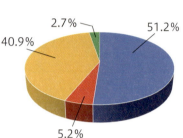

食具は何を使っているか

- 1年間スプーン　11.4%
- 常時スプーンとフォーク　23.7%
- メニューによりフォーク　39.7%
- 子どもの状況に合わせて両方を使用する時期を決めている　20.3%
- 常時フォークだがメニューによりスプーン　1.6%
- その他　3.3%

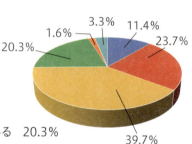

食事は全種類、子どもの前に配膳しているか

- すべて一度に配膳している　76.3%
- 一皿ずつ配膳している　2.5%
- 果物・デザートは最後に配膳している　19.4%
- その他　1.8%

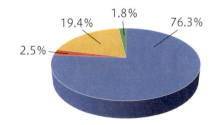

食物アレルギーを持つ子どもの人数

- 1人　33.1%
- 5人　0.1%
- 2人　12.2%
- いない　46.7%
- 3人　4.8%
- その他　2.3%
- 4人　0.9%

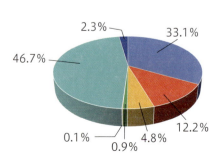

152

アレルギー児の誤食を防ぐためのくふう（複数回答可）
　　a　正規職員が食事の介助をしている　　493
　　b　担任以外の職員が食べさせることがある　　61
　　c　アレルゲン、または名称がわかるようにしている　　529
　　d　専用食器を使用している　　391
　　e　専用のお盆を使用している　　603
　　f　専用おしぼり、台拭きを使用している　　478
　　g　専用テーブルを使用している　　521
　　h　専用テーブルは1人で使用している　　402
　　i　他の子と距離をおいて座るようにしている　　454
　　j　他の子と時間をずらせて食べている　　80
　　k　アレルギー食ではないないときでもいつも専用テーブルで食べている　　510
　　l　アレルギー食ではないときはみんなと同じテーブルで食べている　　11
　　m　アレルギーの食事内容の確認をしている　　571
　　n　アレルギー会議を行なっている　　550
　　o　アレルギー児がいない　　310

2　排泄

おむつのサブスクを導入しているか
- 導入している　　72.4%
- 現在導入していないが、導入を検討している　　1.7%
- 導入していない　　25.0%
- その他　　0.9%

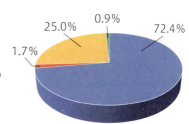

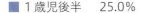

トイレットトレーニングはいつ頃から取り組んでいるか
- 1歳児後半　　25.0%
- 2歳児前半　　31.5%
- 2歳児後半　　16.7%
- 3歳児前半　　2.3%
- 園としては取り組んでいない　　7.9%
- その他　　16.7%

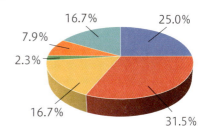

第6章　2歳児保育の実態調査

3　昼寝

睡眠観察職員は何人いるか
- 1人　　　44.4%
- 2人　　　46.9%
- 3人以上　4.4%
- いない　　0.4%
- その他　　3.9%

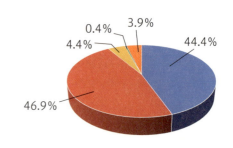

睡眠観察職員は監視専門で行なっているか
- 監視専門で行なっている　30.4%
- 日誌や連絡帳を書きながら行なっている　69.6%

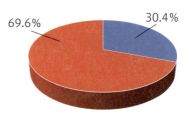

安心して眠れるようにしている工夫（自由記述）
【環境】
・静かな雰囲気を作る　・室温や湿度の調整　・布団の場所を決める
・少人数で寝る　・オルゴール音を流す
・寝付けない子や周りが気になる子は衝立などで囲いを作る
・顔色が確認できる程度に照明を調節したり、カーテンの開閉をする

【関わりや配慮】
・一人ひとりに応じた関わり（トントンの仕方、タイミング、足をさするなど）
・午前中にたくさん体を動かす活動をしてから入眠する
・寝つけない子へはアイコンタクトをして自分で入眠できるようにする
・子守唄をうたう　・絵本を見て落ち着いてから入眠する
・5歳児が当番活動でトントンしにくる
・家庭に個人のお気に入りの掛け用タオルを用意してもらう
・その子の好きな体制で入眠できるようにする
・どの子どもからも保育者が見守っていると感じられる位置につく
・子どもが安心できる担任がそばにつく
・起きてから遊びに期待が持てるように使用していた玩具を片付けずにそばに置く

早く起きてしまった子への対応
- 寝るように根気強く側で見守る　3.3%
- 時間まで布団の中にいるように促している　59.4%
- 起きた時点で別のところで保育をする　14.9%
- その他　22.4%

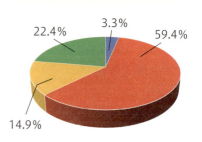

Ⅲ　２歳児保育での身の回りのこと

　食事の介助では、保育者１人に対する子どもの人数が「６人」と最も多く半数近くでした。次いで「５人」が３割程度でした。一方で「３人」で食事しているとの回答もあり、食事場面における様子の違いが伺えました。さらに、「時間差で食べている」との回答が４割、少数ではありますが「家庭での状況に合わせて食べたい子どもから」食べているとの回答もありました。食事の時間が慌ただしい時間ではなく、楽しくうれしい時間となるような保育士の配置についてもそれぞれの園で考えくふうされていることがわかります。

　排泄に関しては、トイレットトレーニングの取り組み時期にばらつきが見られました。最も多かったのは「２歳児前半」でしたが３割程度で、次いで１歳児後半、２歳児後半でした。また、少数ではありますが３歳児前半との回答もあり、時期的に大きな差があることがわかりました。（参照：１章エピソード８と９は、保育者が子どもの気持ちを受けとめながら、排泄に向かう子どもの姿があります。）
　　（源）

Ⅳ　２歳児保育での怪我・ヒヤリハット

1　怪我・ヒヤリハットの実情

年間を通して最も多いヒヤリハットの内容
- ひっかき・かみつき　40.1%
- はさまれる　0.2%
- 誤飲・誤食　0.3%
- 転倒　56.1%
- その他　3.2%

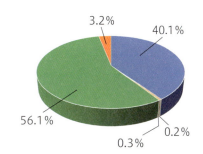

年間を通して多い怪我（複数回答可）
- ひっかき傷　20.3%
- 打ち身　31.6%
- すり傷　42.4%
- 切り傷　3.2%
- その他　2.5%

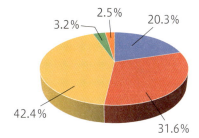

怪我をすることが多い場所（複数回答可）
- 保育室　40.2%
- 園庭　33.4%
- 廊下　2.9%
- 戸外　11.7%
- 階段（踊り場含む）　0.5%
- その他　0.2%
- 広間（ホール等）　10.8%
- 門から玄関　0.2%

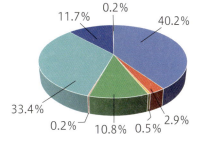

怪我をすることが多い身体の部位（複数回答可）

- ■ 頭　15.6%
- ■ 顔　24.8%
- ■ 首　0.2%
- ■ 腕・手　27.5%
- ■ 足　31.7%
- ■ その他　0.2%

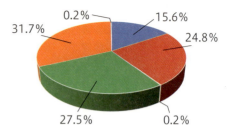

2　発生時の対応

怪我やヒヤリハット…クラスでの共有（自由記述）
【共有のタイミング】
・午前中、休憩時間、午睡時など落ち着いた時間
・昼礼
・保育優先だが、必要に合わせて保育中でも報告し合う
【ツール：口頭ならびに文面】
・口頭（クラス会議等）
・伝達ノートや視診簿、引継ぎ簿やメモ、申し送り簿、怪我簿などに残す
・ヒヤリハットや自己報告書を作成
・記入したものを回覧
・事務所で誰でも見られる場所に掲示
【報告】
・3日以内に所定の報告書を記入し保護者に伝えた内容や反応も共有する
・5Wを詳しく、時系列に沿った状況説明
・状況をロールプレイで伝える
・関わった職員だけでなく、見ていた職員からの状況報告と検証を行う
・図などを用い、客観的な事実に基づいて報告する
【今後の対応と未然防止策の策定】
・該当場所の目視確認を行う
・監視カメラの画像をみる
・翌日以降怪我の計画や保護者へのアフターフォローを行う
・マニュアルにそって原因や対応策を話し合って行く
・活動の流れや職員配置を担任全員で見直す

怪我やヒヤリハット…園全体への周知（自由記述）
【共有のタイミング】
・会議や昼礼、終礼、朝礼時、定例会議、連絡会にて事故概要と対応を報告する
・大きなものは（病院受診のけがなど）、臨時会議を開催する
・園内研修で話し合いの場を設ける
・具体的な分析・改善案が決定したのち周知する
【ツール：口頭ならびに文面】
・ノート、体制簿、ヒヤリハット用紙、怪我簿、日誌、自己報告書、園日誌等への記入をし、各自が確認（会計年度任用職員も含め全員）する

・上記の所定用紙を回覧、掲示
・ファイルに挟んで毎日共有する
・全体のボードに記入する
・職員が内容を確認したのち、サインをする

【今後の対応と未然防止策の策定】
・定期的に検証を行なう
・ヒヤリハットを受け、各クラスで考えられる状況を想定する
・「気付きカード」をはさみ全職員が随時確認できる状況にしている
・環境プロジェクトで環境の見直し
・毎月の集会で、ヒヤリハットの状況などを検証する場が設定される

怪我やヒヤリハット…保護者への報告・クラスでの対策（自由記述）

【保護者への報告】
・基本はクラス担任が報告する。怪我の状態により園長、看護師が一緒に対応する場合もある。
・怪我が起きた際の状況を丁寧に説明し謝罪する。怪我に対してどのような処置をおこなったのかを知らせ、その後数時間経過した時の子どもの様子も伝えていく。
・自分で転んだ擦り傷等は、担任、または当番職員に託すが、顔の怪我やトラブル等での怪我、ひっかきや噛みつき等に関しては担任、または必要時は園長、看護師が報告する場合もある。
・重大なヒヤリハットに関しては、怪我がなくても伝えている。
・病院受診ほどではないが、金曜日で週末をまたぐ場合など、電話で一旦状況を伝えた方が良いと判断した時には、園長や看護師に相談後電話をする。お迎え時には再度報告をする。
・受診が必要な案件に関しては電話で連絡し、受診後に状況と受診結果を電話及びお迎え時に報告をする。受診しない案件では、お迎え時に状況が分かっている担任職員が報告する。当番にかかる子は当番職員が報告する。翌朝再び謝罪と様子を聞く。

【クラスでの対策】
・クラスで、怪我やヒヤリハットが何故起きたのか、その原因をしっかりと話し合い、同じ怪我に繋がらないようにしていく。
・日頃から園内に危険箇所がないか、遊具玩具の破損や誤飲に繋がるものはないか確認し合い危ないと感じたことはお互いに直ぐに声に出して共有していく。
・月1回の安全チェックリストに基づきチェックしている。また保育の振り返りと共に、環境の確認、個々の子どもについての配慮の話し合いも行う。
・転倒や衝突に関しては環境の見直しをしたり、運動遊びを取り入れ子どもの身のこなしの向上を図っている。ひっかきなどは子どもの個性をとらえたうえで、保育士が予測しそばにつくことを心がけている。クラス全体を把握する職員、子どもにつく保育士等、役割分担を明確にしている。
・ヒヤリハットの気を付ける場所のマップを作成して掲示している。
・友だちとのトラブルに関してのヒヤリハットは、担任間だけではなく園全体に周知し、みんなで気を付けていったり、少人数で落ち着いて過ごせるなどの工夫ができるようにしている。

第6章　2歳児保育の実態調査

Ⅳ　2歳児保育での怪我・ヒヤリハット

　年間を通して最も多いヒヤリハットの内容は、「転倒」が最も多く半数以上、次いで「ひっかき・かみつき」でした。怪我として多いのは「すり傷」、次いで「打ち身」「ひっかき傷」でした。怪我をすることが多い身体の部位では「足」が最も多く、次いで「腕・手」「顔」の順でした。未然防止に向けては、事例を職員間で共有することや状況の検証等細かいくふうが各園において丁寧に実践されており、先生方が日々安全で安心できる環境のために努力されていることが改めて明らかになっています。怪我の多さから見ると、身体の育ちの中での怪我と、他者との関わりの中における怪我があります。物的な環境を変えることで防ぐことができる怪我も多くありますが、2歳児ならではの関係性と心の育ちへの関わりから防ぐことのできる怪我もあるように思います。(Ⅳ　Ⅴ　2歳児保育に対する喜び、願い、希望、悩みなど。)　　　　　　　　　　　（源）

『喜び・願い・希望・悩み』（自由記述より）

【喜び・面白さ・嬉しさ】

・子どもの成長と発達が著しく、話せるようになったり、一人でできることが増えたり、運動機能が上がったり、遊びの幅が広がったり、日々の子ども達の成長を近くで感じられることが喜び。また子どもと共に出来たことの喜びを分かち合えたり、楽しいことを一緒に共有できたりすることも嬉しい。子どものつぶやきにも笑顔をもらえる。
・準備した保育内容で、子ども達の反応がとても良かったり、その活動を通して遊びが広がり思いのほか子ども達が楽しめ、成長を感じることができた時は嬉しい。
・日々できるようになることが増え、成長した姿を保護者と共有、共感し一緒に喜べることを嬉しく思っている。
・子ども同士の関わりで、小さいながらも相手を思いやったり、喜びを共感する姿が見られた時は心が和む。また保育園が好き、先生が好き、友だちが好きという気持ちを表現してもらった時とても嬉しく、私もみんながだーいすきと伝えている。
・想像力が育まれ語彙も増え、かわいらしい一面が多く見られるようになる時期であり、おちゃめな仕草や行動、ちょっとしたつぶやきや発想に驚いたり癒されたりしている。
・乳児から幼児に上がる大切なこの時期に携わることができるのは嬉しい。

【願い・希望】

・乳児という一番大事な時期に、子ども達がじっくりとゆったりと大人とかかわったり、自分の気持ちを思い切り出したり、十分に甘えさせてあげたり、のびのびと過ごせるように保育をしていきたい。またそれらが十分してあげることができるように、大人がいてほしい。
・自分の想いや気持ちを存分に自由に表現して毎日をワクワクした気持ちで過ごしてほしい。
・子ども達のひらめきに追いつけるように自分自身も常に柔軟であるようにと思っている。
・イヤイヤ期と言われる時期ではあるが、子ども自身が考えてやってみたいと思える時でもあり「やるやる期」と思い、子ども達のやる気を伸ばしてのびのびと育ってほしい。
・子ども達には自分を出せる安心した環境の中で、できる喜びを感じながら過ごしてほしい。
・2歳児クラスは次に幼児クラスとなっていく。自信を持って進級できるように少しでも出来ることを増やしていくために、一人ひとりに合わせた丁寧な保育、援助を行っていきたい。
・すべての面で発達が著しい時期である。丁寧な保育や関わりが必要であり、1対6の配置では

厳しい。また生活や遊びにおいて広々と過ごせたり体を動かせる環境を整えてあげたい。
・成長する姿を保護者と共有しながら、保育する楽しさや面白さを保育者同士で共感共有し合いながら日々過ごしていきたい。

【悩み】
・どのように対応したら落ち着いて安心した気持ちで過ごせるのか、気持ちが乗らない時にどう声をかけたらいいのか難しく悩む。
・様々な事故が頻繁であり国からの注意喚起が多く、保育士が消極的になってしまう。決まりごとが多くなる中でどのように遊びを広げるか、素材選び一つから注意しなければならないことに気を使い保育士の意欲に壁を作ってしまっている。
・主体性を大切にしようと子ども達一人一人のタイミングや思いで生活や遊びをを行えるようにしたいが担任間での保育観の違いや話し合いを持つ時間がなかなか持てず、子ども達に丁寧に関わることが難しい。
・乳児から幼児になっていくこの時期に、様々なことを知らせたり経験したりすること、また少人数でしっかりと丁寧な対応をしていくことが大切であるが、今の配置基準では難しい。個々に合わせた丁寧な保育や、子どもの主体性を大切にし、やりたいことを満足するまでできる環境が、つくりにくいところが子ども達にとってどうであるかと危惧するところである。

2歳から4歳未満までの発達の歩み

月齢	2歳～2歳6か月

健康生活

身の回りのことを自分でしようとする

排泄の前に言葉で教える

運動

その場で両足跳びができる

音楽に合わせて動きを真似したり、リズムに合わせて体を動かす

遊び

ままごと玩具や人形で模倣をして遊ぶ

組み合わせパズルなどバラバラにしてまたもとのように組み合わせる

かんたんな歌を覚えて歌う

並行遊びで、友だちと遊ぶ

人とのかかわり

自我が芽生え、思いどおりにならないと癇癪をおこしたり、自分の思いを通そうとする

うながされて物を他児に分けてあげたり、物のやりとりが少しずつできるようになる

ことば

自分の意志や要求を言葉や態度で伝えられるようになる

単語の数が増え、二語文が話せるようになる

「おはよう、さようなら」等、あいさつ語を使う

保育で大切にしたいこと

○自分でできることが増えるが、まだ援助が必要な時期であり、自分でやろうとする気持ちを大切にしながら手助けをしていく

○他児とのさまざまな関わりの場面をとらえながら、徐々に相手の気持ちがわかるように働きかけていく

2歳～2歳6か月

靴をはいたり洋服の着脱を自分でやろうとする

一人で食べることができる

一人で階段を一段ごとに上がったり下りたりする

三輪車にまたがり、足で地面を蹴って進む

自分が描いたり、作ったものに名前をつける
積み木を5～6個積んだり、長くつなげたり、同じ形、同じものを並べたりして遊ぶ
絵本を自分から見て楽しむ

友だちの行動を気にし始める

物の取り合いやトラブルが多くなる

「同じだね、一緒だね」等、類似点や違いを見つけて言う
　かんたんな質問に答える
　わらべうたなどに触れ、言葉の響きを楽しむ

○落ち着いてじっくり遊べるスペースを保障したり、いろいろな素材に触れる機会が多く持てるようにしながら、楽しく遊ぶ経験をたくさんしていけるようにする

○覚えた単語を使えるように、大人と楽しく会話をする機会を多くしながら、二語文、三語文で話せるように関わっていく

| 月齢 | 2歳6か月～3歳 |

発達のあゆみ

健康生活
保育士に寄り添ってもらいながら、
身の回りのことを意欲的にやってみる

尿意を感じ自分から知らせてトイレに行き、
排泄するようになる

運動

50cmくらいの高さから飛び降りる

体操をしたり、動物や乗り物などの
動きを模倣して、体で表現する

遊び
生活したことを再現したり、かんたんなストーリー性を持った遊びを楽しむ
赤青黄緑などの色がわかる
気の合う友だちと一緒に遊ぶ

人とのかかわり
友だちの存在が身近になり、
気の合う子と同じことをしようとする

おもちゃの取り合いで相手が泣くと
代わりの物を渡そうとする

ことば
はっきり発音するようになり、語彙が増える
「て・に・を・は」等助詞が使えるようになり、
会話ができるようになる
身近な大人や友だちの名前、年齢が言える

保育で大切にしたいこと

○子どもの思いを尊重しながら、いつでも子どもの気持ちに寄り添えるように見守り、
　安心する場所や環境を用意していく

○何でも自分でしようとする時期なので、子どもの意欲に視点を当てた声かけをしていく

2歳6か月〜3歳

脱ぎ着しやすい衣服は一人で着脱できるようになる

こぼすことが少なくなる

自分で鉄棒にぶら下がる

三輪車をこぐことができる

粘土を丸めたり細く伸ばしたりする
クレヨンなどで円を描く
紙を半分に折る
いろいろなものを布や紙で包む

自分と他人のものの区別が理解できる

みたてつもり遊びをすることが多くなる

「きょう、きのう」など、
時間概念が芽生える
「なんで、どうして」が増える

他児と一緒に紙芝居を見たり、
保育者に絵本を読み聞かせてもらうことを喜ぶ

○子どもが話したいことの意味をくみ取るように努め、話したい気持ちを十分に満たしていけるようにする

○子ども同士がお互いに意識し合いながら、並行遊びから数人で遊ぶ楽しさを感じることができるようにしていく

| 月齢 | 3歳〜3歳6か月 |

健康生活

身の回りのことは保育者の手を借りたり、
励まされたりしながら自分の力でできるようになる

トイレの使い方がわかる

発達のあゆみ

運動

全身を使った動作や、跳ぶ、走る、よじ登る、投げる
などの動きが巧みになる

片足けんけんしながら、前に進めるようになるなど
「〜しながら、〜する」ことができるようになる

遊び

身近な人びとの生活を取り入れた
みたてつもり遊びを楽しむ

身近な素材、用具を使い自由に描いたり、作ったりする
わらべうたや繰り返しのリズムのある歌や言葉を楽しむ

かんたんなルールがわかり、
保育者と数人の子どもたちと一緒に遊ぶ

人とのかかわり

「やってあげる、てつだってあげる」と周りの様子を見て関わろうとする

ことば

生活に必要な言葉のやりとりができるようになり、友だちとやりとりを楽しむ

したいこと、してほしいことを言葉で伝えようとする

保育で大切にしたいこと

○自我を受け入れながら、時には励まし、子どもを信頼して待つことを大事にして見守っていく

○全身を十分に使って遊べる環境を作り、やりたい気持ちを引き出していく

3歳〜3歳6か月

自分で着脱することができ、意欲につながっていく

　　　　　食器や食具が上手に持てるようになる

階段を両足で交互に出してのぼる

　　　三輪車の舵を取りながらこげるようになる

顔らしいものを描いて、目・口等と命名する

繰り返しの多い話や絵本を好んで見たり聞いたりする

　　保育士にさまざまな欲求を受け止めてもらい、
　　　　親しみを持ち安心感を持って生活をする

　　　言葉で伝え、受け止めてもらったうれしさを感じる
　　　　　　言葉と行動が結びつくようになる

　　「だいじょうぶ？　いたい？　どうしたの？」など、
　　　　　　　友だちや大人を気遣う言葉を使う

○自分でやってみる喜びに共感しながら、さらなる意欲につなげていく

○一人ひとりの子どもの興味や自発性を大切にしながら、自分から表現しようとする気持ちが育つように、環境を整え、準備をしていく

| 月齢 | 3歳6か月〜4歳 |

発達のあゆみ

健康生活

身の回りのことを自分でしようとする

排泄の前に言葉で教える

トイレに適宜行き、排尿や排便を自分でする

運動

跳ぶ、走る、支える、くぐるなどの運動遊びを楽しむ
音楽やリズムに合わせて体を動かしたり、友だちや保育者の真似をしたりして体を動かすことを楽しむ

遊び

ままごと遊びやごっこ遊びを通して友だちとのやりとりを楽しむ

生活や遊びの中で、身の回りの物の色・数・量・形などに興味を持ち、違いに気づく
大好きな手遊びや歌を友だちと一緒に楽しむ

人とのかかわり

遊具や用具など、貸したり借りたり、順番を待ったり交代したりする

遊んだ後の片付けをするようになる

ことば

言葉での貸し借りができるようになっていく

自分なりの方法で相手に伝えようとしたり、相手の気持ちに気がつき、受け入れられるようになる

保育で大切にしたいこと

○異年齢と関わる機会を多く持つようにする

○豊かな遊びを大人も一緒に経験していく中で、子どもたちの世界の中に新しい発見が見いだされるように環境を整えていく

3歳6か月〜4歳

汗をかいたり汚れたりすると着替えようとする

食器の扱いが巧みになり、ほとんど1人で食べることができるようになる

走る、跳ぶなど全身を使って遊ぶ

友だち2〜3人でごっこ遊びなどを楽しむ
折り紙で四角や三角を折ろうとする

絵本やお話を通して、イメージしながら、
なりたいものになり、自分なりに表現して遊ぶ

保育者の手伝いをすることを喜ぶ
（頼まれたかんたんな用事ができる）

年上の幼児に遊んでもらったり
模倣して遊んだりする

感じたこと思ったことを言葉にして、
気持ちがつながるうれしさを感じる

季節の歌、リズムがある言葉を楽しむ

○社会や身近な自然事象を直接的に体験できるようにしながら、**身近な本や視聴覚教材**などを活用し、さらに興味がもてるようにしていく

○子ども同士がお互いに意識しながら、一緒に遊んだり表現したりすることの喜びを感じることができるように、複数人での遊び等を意識的に取り入れていく

＊発達の姿は、とても個人差があります。この表はひとつの目安としてご理解ください。

『新2歳児保育の実際』編集委員会（＊印は編集責任者）

田尻　絵里＊	（北区　編集長　5章）	池村　英子＊	（練馬区　1章、5章）
木下　裕美子	（港区　　　　1章）	辻　由美	（北区　　　1章）
市村　美奈	（荒川区　　　1章）	森田　瑞子	（練馬区　　1章）
杉浦　真諭子	（墨田区　　　1章）	立澤　明子	（葛飾区　　1章）
前田　実穂	（葛飾区　　　1章）	鵜沼　苗子＊	（文京区　　2章、5章）
小澤　遙香	（千代田区　　2章）	塚原　美喜子	（大田区　　2章）
鈴木　裕美	（渋谷区　　　2章）	玉野　恵子	（世田谷区　2章）
岡田　春花	（豊島区　　　2章）	梅本　由貴子	（練馬区　　2章）
小川　結子	（江戸川区　　2章）	渡邉　久美＊	（豊島区　　3章、5章）
和気　貴子	（中央区　　　3章）	吉田　弘美	（港区　　　3章）
鴨志田喜代子	（新宿区　　　3章）	西山　裕実	（文京区　　3章）
大西　賢治	（北区　　　　3章）	藤田　志帆	（目黒区　　3章）
菅瀬　桃子	（練馬区　　　3章）	荒川　裕子＊	（荒川区　　4章、5章）
加藤　由記	（北区　　　　4章）	酒井　美江子	（杉並区　　4章）
竹内　貴則	（豊島区　　　4章）	油井　恵	（墨田区　　4章）
藤本　芽衣美	（墨田区　　　4章）	泉　智子	（江東区　　4章）
加藤　知芳	（豊島区）	高島　三奈人	（豊島区）
比嘉　由伊	（板橋区）	尾上　伸江	（豊島区）
梨本　幸子	（港区）		

研究部（2021年度〜2024年度）

編集協力
源　証香 （白梅学園大学准教授）

編集進行管理
研究会事務局：岡野 歩未・藤波 貴子

装幀　山田 道弘
装画　おのでら えいこ

新2歳児保育の実際

2025年4月15日　初版発行

発行責任者　　田中　由佳
編集責任者　　田尻　絵里
発行所　　特定非営利活動法人　東京都公立保育園研究会
東京都新宿区北新宿 4 − 8 − 12 − 401
TEL 03-3371-8057
Email：hoiku@token-2.or.jp

発売元　　株式会社ひとなる書房
東京都文京区本郷 2 − 17 − 13
Email：hitonaru@alles.or.jp

© 2025　　印刷・製本／中央精版印刷株式会社　　　　　　＊落丁、乱丁本はお取り替え致します。